陕西出版资金资助项目

中国汉传佛教八大宗派及其祖庭丛书

李利安　主编

月印万川——华严宗及其祖庭

王宏涛　著

西安电子科技大学出版社

图书在版编目(CIP)数据

月印万川：华严宗及其祖庭/王宏涛著.

—西安：西安电子科技大学出版社，2016.11(2017.5 重印)

中国汉传佛教八大宗派及其祖庭丛书

ISBN 978-7-5606-4345-8

Ⅰ. ① 月… Ⅱ. ① 王… Ⅲ. ① 华严宗—佛教史—中国 ② 《华严经》—研究

Ⅳ. ① B946.4 ② B942.1

中国版本图书馆 CIP 数据核字(2016)第 268759 号

策 划 高 樱

责任编辑 王 瑛

出版发行 西安电子科技大学出版社(西安市太白南路 2 号)

电 话 (029)88242885 88201467 邮 编 710071

网 址 www.xduph.com 电子邮箱 xdupfxb001@163.com

经 销 新华书店

印刷单位 陕西天意印务有限责任公司

版 次 2016 年 11 月第 1 版 2017 年 5 月第 2 次印刷

开 本 710 毫米×1000 毫米 1/16 印 张 11.5

字 数 133 千字

印 数 4001～7000 册

定 价 25.00 元

ISBN 978-7-5606-4345-8/B

XDUP 4637001-2

如有印装问题可调换

中国汉传佛教八大宗派及其祖庭丛书
编委会名单

主　编　李利安

编　委（按姓氏拼音排列）

总策划　　阔永红

序　一

　　佛教创立于公元前六至五世纪的古印度。释迦牟尼时代，佛教基本上是在印度的恒河流域传播，当时信仰佛教的人并不是特别多。到公元前三世纪，古印度阿育王在位的时候，佛教才广泛传播开来，其中向北传入大夏、安息和大月氏，并越过葱岭传入中国西北地区。

　　从考古材料和一些文献中可以看到，在西汉末年，佛教已经在长安、四川和东部沿海的部分地区流传，但是影响力比较小。《后汉书》中记载，东汉明帝在位的时候，就知道西域有佛，所以明帝就派使者到大月氏求取佛经，这标志着佛教正式传入中国，也就是在这个时期，有一些上层的贵族开始信仰佛教。在东汉末年以前，中国内地流行的佛教经典就只有一本《四十二章经》。当时的人们把佛教看做与黄老方技相类似的一种方术。东汉末年，佛教的基本特征已经开始被人们所了解。在三国初期，有一位名叫牟子的佛教信徒写了一部《理惑论》，用自问自答的形式来反驳人们对佛教的质疑。在这本书中，他介绍了释迦牟尼成佛的整个过程，然后介绍了佛教的轮回学说，包括天堂和地狱的学说，以及佛教的一些独特的修行方式。特别重要的是，这本书讨论了佛教与儒家、道教的区别，它说儒家主要是讲一些治国的道理，尤其是政治上的道理，但佛教讲的是精神上的道理。佛教与道教的区别是，道教主要是讲人的肉体生命，佛教所追求的不是长生不死，而是涅槃境界。这表明佛教独特的信仰特征已经为中国人所熟知。

　　魏晋南北朝是中国佛教发展史上的一个非常重要的时期。这个时期，中国人主动了解佛教经典的愿望更加强烈，精通佛教经典的域外高僧也被请到中原从事佛经的翻译事业，于是更多的佛教经典传到中国并得到翻译。曹魏时期，洛阳有一个出家人，叫朱士行，他在钻研传入的佛教经典时，感到这些经典特别是《小品般若经》有些地方讲不通，就认为肯定是翻译有问题。当他听说在西域有大量佛教经典的原典时，就下决心去西域寻找更周全的佛经。公元260

年，他从雍州（今陕西西安）出发，越过流沙到达于阗(即现在的新疆和田一带)，终于找到了佛教《小品般若经》的升级版，即《大品般若经》。他就在那里抄写，自己没有回来，但是他托人把这本经送回洛阳。朱士行是中国有史记载的第一个去西天取经的人，这是中国佛教发展史上一个非常重要的事件。到东晋时期，又有一位僧人法显于公元399年从长安出发，与多位同伴一起，经过千辛万苦到达了于阗，但是他跟朱士行是不同的，他没有在这里停止，他又与部分同伴继续西行，越过葱岭，到了天竺(即现在的印度)，后来又到了尼泊尔，然后一直在那一带寻找佛经并学习了很多年。之后他乘商船到了今天的斯里兰卡，又经过苏门答腊岛，回到了山东的崂山，然后从崂山再经陆路，于413年到了建康（今南京）。这个人是历史上记载的真正去西天取经的第一人，他在那边生活和学习了很多年，是深刻了解佛教原典的一个中国人。这么一批人，他们西行取经，带回了很多经典，对佛教发展具有很大的促进作用。在这个时期，也有一些域外的高僧被请到中原来从事佛经的翻译事业，这中间最有影响的是鸠摩罗什。鸠摩罗什是西域人，他出生在今天的新疆，但是他长期在古印度跟他的母亲一起修习佛教，对佛教非常了解，而且又懂汉语。他在后秦弘始三年（401年）被迎到长安。后秦出物资出人才，让他在长安的逍遥园等地翻译佛教经典。当时他有八百多个弟子，译出了《妙法莲华经》《佛说阿弥陀经》《金刚经》，还有《中论》《百论》《十二门论》《大智度论》等大量的经典，一共七十四部、三百八十四卷，这些经典对佛教的发展作出了很大的贡献。因为鸠摩罗什对佛教非常了解，他的汉语水平也很高，弟子又多，所以他译的这些佛典文辞优美，而且又契合佛教的原始含义。可以说，到了鸠摩罗什这个时候，中国佛教的面目焕然一新，突出表现在中国人已经开始接触到佛教原典的基本品质。因为有这样的基础，随着对佛教了解的深入，中国佛教徒就能够准确地把握佛教义理的精髓。鸠摩罗什的弟子僧肇(384—414年)对鸠摩罗什所翻译的这些经典，特别是对《中论》《百论》《大智度论》十分了解。他在与同学们一起讨论老师的这些佛教教义的时候非常有见解，连他的老师鸠摩罗什也认为在汉地真正了解佛教"空"义的第一个人就是僧肇。僧肇写了四篇文章，即《物不迁论》《不真空论》《般若无知论》《涅槃无名论》，这四篇论文后来被收集起来，一般叫做《肇论》。它非常明晰地介绍了当时大乘佛教的"中道论"，也就是所谓的"中道缘起论"。这个理论非常契合佛教的真正本质，对于廓清中国佛教理论界的迷惑及引导中国佛教根据佛教的根本精神发展，产生了非常重要的作用。僧肇在这几篇文章中，一方面接受了佛教的基本理论，另一方面对他之前中国佛教中所出现的各种各样的理解都进行了批评。由此，中国佛教的发展就有了非常坚实的理论基础。

大约到六世纪的中叶，中国佛教就开始出现用自己的理解对整个佛教体系进行一种理论构架的尝试。这个时候，中国佛教已经不满足于追求原汁原味的佛教了，而是要发表自己对于佛教的见解，尝试对所有这些佛教体系提出自己的一种统一的认识。最先明确表示这一意图的是南朝的梁武帝萧衍。他对佛教作了一些研究，为此写了一篇《立神明成佛义》，认为要把庞大的佛教体系统一起来，关键是要有一个心识的神明，他认为这是统一佛教理论的基点。因为心识有神明、无明两个方面，所以心识也就是成佛之本：神明的方面是显示佛教（无为法的）光明的一面；心识的无明则是显示佛教有为法的黑暗的一面。皇帝提出了这个见解，当时梁朝的知识分子和大臣们就开始讨论，很多人说皇帝提出的这个见解实在高明，因为通过这种见解，佛教理论体系就能够很好地把握了。这虽然也有一些吹捧，但这一见解也确实代表了中国佛教开始要用自己的理解来统摄佛教的理论体系。这是中国佛教的一个重要变化。

隋唐是中国佛教创宗立派的重要时期，在这个时期产生了很多中国化的佛教理解，比如吉藏创立了三论宗。这个宗派就是依据《中论》《百论》《十二门论》这三部佛教的"论"创立的宗派，主要研习和传播佛教中的道学说。到了隋代，还有一个高僧叫智顗，他创立了天台宗，其主要是依据《妙法莲华经》，也就是通过对《妙法莲华经》的贯通性认识，来建构对佛教的理解，从而形成一个宗派。进入唐代以后，又有玄奘创立了法相唯识宗。玄奘在研究中国佛教的过程中，发现中国佛教中有些理论问题不能解决，所以留学印度十七年。他回国前夕，印度举行了无遮大会。玄奘提出了自己的理论，欢迎所有佛教界和非佛教界的人提出批评，整个印度的佛教界和非佛教界都提不出反驳意见。他回国以后和弟子们一起创立了法相唯识宗。此外，在武则天时期，法藏依据《大方广佛华严经》创立了华严宗，华严宗是以关中的华严思想为基础的一个宗派。还有唐中叶慧能创立的禅宗、唐代道绰和善导正式创建的净土宗等。这个时期出现了这么多宗派，它们不仅仅是解释原汁原味的佛教是什么，而是要对佛教提出自己的理论建构。这些宗派的共有特征，就是根据自己的理解，建立持之有据、言之成理及反映佛教根本精神、各具特色的佛教理论体系。这是它们的一个共同特点。

二十世纪，我国佛教研究专家汤用彤先生写过《汉魏两晋南北朝佛教史》，又写过《隋唐佛教史稿》，他认为佛教在中国传播的历史可以分为三个阶段：第一个是格义的阶段，第二个是得意忘言的阶段，第三个是明心见性的阶段。所谓格义，就是拿中国的概念去套印度佛教的概念。这相当于僧肇以前中国佛教的传播阶段。那个时候就是看佛教的这个词相当于中国的哪一个概念，通过比较，慢慢地对佛教有所了解。但是僧肇以后，魏晋南北朝一直到隋唐之际，这阶段的最大特点是"得意忘言"，人们认为佛教讲了什么东西并不太重要，重要的是抓住它最关键的思想。"明心见性"是什么意思呢？就是不仅仅抓住了它的意思，而且还能够用我们自己的语言表达我们自己的理解，把佛教的道理讲得更加透彻。我觉得汤用彤所说的佛教传入的三个阶段是符合中国佛教实际情况的。

释迦牟尼生活的时代大约与孔子、老子同时，中国和古印度的地理距离又不是十分遥远，而且交通从来也没有中断过，那时候从西域可以到古印度，从海路也可以到古印度，但是为什么佛教产生六百多年以后才与中国文化发生联系，而到了一千年以后，它能够在中国生根发芽呢？我认为关键的原因就是：春秋战国到秦汉时期，我们中国传统的思想资源能够有效地解决社会的现实问题，而到了魏晋时期，传统思想资源在解决新时代的问题时却出现了困难。春秋时期，夏商周的礼制文明出现了问题，于是出现了孔子、老子及诸子百家，他们使我们的文明渡过了难关。到了秦汉时期，传统的思想文化也能够解决当时中国的政治问题及社会问题。但是到了魏晋南北朝时期，对于所出现的一些问题，当时中国的思想家仍然希望利用中国传统的思想资源来解决，所以他们就又回到了老子、庄子及《周易》，重新解读中国传统的文化，看能不能探讨一条中国文化的新出路，而且他们也认识到这是一个非常大的时代问题。但是因为民族矛盾或社会矛盾的恶化，这一思潮根本就找不到现实的出路。佛教就是在这一背景之下，在中国的文化中开始生根发芽的。也就是说，中国文化无法有效解决中国的问题，而佛教刚好应对了这些问题，这是佛教扎根中国的一个根本性的原因。

那么，佛教到底给中国提供了什么稀珍之法而得以扎根中国呢？

第一，佛教提出了对世界的一种全新认识，更加深刻而巧妙地解释了世界的根源与未来趋向。在佛教传入中国之前，我们当时流行的是以董仲舒为代表的天人感应式的世界观，这种世界观认为有一个客观存在的宇宙秩序，这个秩序的基本模式是阴阳五行，核心是阴阳二气的流转变化。按照董仲舒的解释，它也就是我们现实生活中的伦理秩序，尤其是"君为臣纲、夫为妻纲、父为子纲"，即"三纲六纪"。董仲舒反复论证，这是一个非常稳定的秩序，显示出宇宙的真理。但是，佛教的缘起理论传入中国后，它告诉人们，我们生活的世界不是一个阴阳变化的客观结果，而是我们的思想、言语、行为所产生的结果的一个集合体。这与董仲舒的解释是完全不一样的。若问谁发现了宇宙中的真理，董仲舒的回答就是圣人和帝王。帝王因为是天的儿子，圣人因为耳聪目明，他们先知先觉，所以能够发现宇宙中的真理，于是他们在宇宙的真理中起到了中介的作用，他们是整个宇宙中的担当者。但是按照佛教缘起论的解释，那就不是这样了，我们众生中的任何一个个体都是平等的，每个人都是他所生活的世界的一个作用者，一个始作俑者，也是这个世界发展到哪里去的担当者。这是很不相同的一种解释，是一种全新的世界观。

第二，佛教高扬了个人的伦理责任和社会责任。按照中国传统的认识，我们有帝王，有将相，有圣人，他们是担当者。每一个个体的人主要依托于家庭与家族而存在，没有独立的个人意识。但是佛教认为，我们每个人的业报结果都不是由家庭与家族决定的，哪怕是夫妻关系、父子关系或最亲密的朋友关系，对自己都不产生任何实质性的影响。我们所有的存在状态与未来结果，都是自作自受。如果自己真正要担当起来，就要有另外一种纯粹的生活，首先要做的是离开这个家庭，甚至离开这个现实的社会生活。这种思想确实对中国这种以农业为主、以家庭为基础的社会构成了一定程度的冲击，对中国传统的政治秩序、家庭秩序带来了一定的破坏，软化了古代家族牢固的堡垒，某种程度上动摇了中国古代社会的根基。为什么当时中国有很多统治者对佛教比较排斥，就是出于这个原因。但是，它同时使个体在家庭以外的社会关系中得以更宽阔地展开。个体可以离开这个家族去思考更广泛的问题，使自己在社会中的主体性真正地凸显出来，这是佛教第二个很关键的学说。

第三，佛教宣扬众生平等的思想，为当时解决民族冲突打开了思路。在汉代的思想体系中，"华夷之辨""夷夏之辨"非常严格，但是佛教主张众生平等，对中国人影响很大，所以到唐太宗时，"自古皆贵中华贱夷狄，朕独爱之如一"。如果没有佛教思想的熏陶，这样的认识恐怕是不容易出现的。佛教为解决魏晋南北朝时期非常复杂的民族矛盾提供了思想上的空间，弥补了当时中国文化的不足，为民族大融合与文化统一提供了理论依据。

第四，佛教扩展了人的精神世界。在佛教的世界观中，众生的生命个体肯定是有生成和灭亡的，但是有一个东西是不会灭亡的，就是人的言语、意识、行为所产生的后果，它会凝聚到精神"识"体，就是阿赖耶识之中，人虽然不存在了，但它会在宇宙中流转。这个流转的图景是什么呢？佛教有一个非常通俗化的解释，即这个世界是由六个大的层面构成的，既有上天的层面，也有人的层面，既有畜生的层面，也有阿修罗的层面，甚至还有鬼的层面和地狱的层面，这叫做六道轮回。在六道轮回中的生命个体都是众生的生命现象。每个众生的业力决定它的轮回，轮回就是生命不停地生灭变化，业力就是众生的行为、语言和心念产生的一种力量，它凝聚着个体过往的生命信息，并在将来演化成各种不同的生命现象。只要个体没有最后解脱，就会不停地轮回。这是对佛教精神世界的一种很世俗化的解释，它实际上就是告诉我们，人的生命空间无限辽阔，无穷无尽，每个人所面对的生命都是一个非常辽阔而恒久的存在。这种学说有助于化解个体对现实境遇的不满和愤懑，也有助于唤醒个体对现实境遇的麻木不仁，还有助于促进个体对众生平等的高度自觉。因此我们可以说，佛教为魏晋南北朝时期思想家所关注的生命、灾难与文化发展方向等问题提出了一种全新的思考，也提出了一套全新的解决办法。

当然，佛教的世界观也有一些难以回避的矛盾。第一，它对客观世界没有足够的重视。传说有一个人见到释迦牟尼，问他这个客观世界是从哪里来的，会到哪里去。释迦牟尼把他训斥了一顿，说你这个人，就像一个挨了一支毒箭的病人，你现在不赶快治疗，却要研究这支箭是从哪里来，还没研究清楚你就已经毒发身亡了。所以，佛教主张不要研究这些世界本原性、规律性、终极性的问题。但是这个客观世界的确存在着这些问题，它确实对我们产生了作用。虽然佛教的缘起理论也分析了这些问题，但是它没有触及深层次的规律以及它在我们现实生活中到底能产生什么影响，这是其理论上的盲点。第二，它很容易滑向真理相对论。按照佛教的解释，整个世界确实是会朝着一个非常美好的前景发展的，如果我们所有人都按佛教所说的真理去实践，按照真理的本来面目去观察世界并指导我们的心念与行为，这世界当然就比较和谐，比较安详，会成为一个美好的世界。但是要做到这一点是很难的。佛教认为就是因为很难，所以必须要有"我不入地狱，谁入地狱"的决心。另外，即使自己看到另外一个人在痛苦着，哪怕自己掌握了真理，也不能使那个人接受自己的方式，而必须要跟他一起痛苦，一起悲欢离合。佛教的这种功夫是非常困难的，很容易成为一种空想。同时，禅宗认为行住坐卧都是禅，真理不能够离开现实生活，只有在现实生活中掌握的真理才是真正的真理。由此影响到儒家也在对生活背后的真理进行追寻。儒家所讲的父亲慈祥一点儿，儿子孝顺一点儿，君主包容一点儿，臣子忠诚一点儿，丈夫对妻子恩爱一点儿，妻子对丈夫温顺一点儿，它们的真理体现在哪里呢？这些新的问题的出现恰恰是中国文化发展的一个新挑战。所以到了唐宋之际，中国文化就发生了一种转折，重新回到了中国的原典，把佛教的许多理论思考与中国传统的儒家经典、道家经典结合在一起，由此发明了宋代的新儒学和新道教。中国的文化又走向另外一个高峰。

从佛教在中国的发展历程中我们可以看出：

第一，外来文化的输入与传播，肯定是在本土文化遇到自身难以克服的矛盾的背景下才出现的，佛教就证明了这么一个基本的道理。

第二，外来文化最核心的冲击力必定是它的世界观及其所衍生的人生观。佛教传进了很多的方式，既有它的生活方式，也有它的艺术形式，这些东西确实影响了中国的文化，但是它们背后的精神才是最关键的。如果没有背后的世界观和它引申的人生思考，这些东西是不可能在中国文化中产生深远影响的。这个后面的东西是它真正的核心竞争力，是它核心的穿透力。

第三，面对外来文化的传播，最好的办法就是消化吸收。就像我们吃饭一样，不仅要把一个外来的东西吃到嘴里去，而且必须要把它咀嚼消化，成为我们血液中的一个有机组成部分，只有这样，外来文化才能被我们真正地理解并真正成为我们自己的文化。

　　李利安教授是我很敬重的学者，他在佛教研究方面取得了突出的成就，特别是他关于佛教菩萨信仰的研究，有相当的系统性和深度，我时常从他的研究中得到启发。他和一些青年朋友共同撰写的"中国汉传佛教八大宗派及其祖庭丛书"即将出版，约我写几句话，我感到这项工作对于今天我们全面理解佛教文化，从而更加深入地把握中国传统文化有重要意义，于是不辞浅陋，把自己关于佛教的一点体会写出来，希望增添读者朋友们阅读该丛书的兴趣。衷心希望该丛书能够得到读者朋友们的喜爱。

方光华

2016 年 10 月 11 日

序　二

习近平总书记在建党九十五周年庆祝大会的重要讲话中指出，"文化自信是更基础、更广泛、更深厚的自信"。文化自信由此上升到民族自信的高度，并与中华民族的伟大复兴联系在一起。也就是说，没有文化自信，就没有巨龙腾飞的内在动力，也不可能有一个稳定而深厚的精神纽带和广泛认同的精神家园，更没有进入世界民族之林的资格。

而在文化自信当中，中华传统文化具有根基性的地位。因为中华传统文化塑成了中华民族的精神气质，凝聚着中华民族代代相续的情感，包含着中华民族的智慧，形成了绵延五千年的文脉，成为一种宝贵的文化资源，至今散发着迷人的魅力。

中华传统文化是由儒、佛、道三家支撑起来的一种多元一体的文化。儒家主要协调人与人之间的关系，是一种以治世为主的文化；道教特别强调自然的价值和意义，在协调人与自然的关系方面有其独到的作用，在治身方面显示出明显的优势；佛教主要协调人的身心关系，具有极为丰富的精神修养智慧，是一种以治心为主的文化。三家各有其长，各有其用，自魏晋以后，逐渐形成并立互补、相互圆融的文化格局。没有佛教的进入，就不可能形成这种多元一体的文化发展机制和三教呼应的文化生态。

作为中华传统文化一支的佛教文化最早源于印度，但正像习主席 2014 年3 月 27 日在联合国教科文组织总部的演讲中所说的，"佛教产生于古代印度，但传入中国后，经过长期演化，佛教同中国儒家文化和道家文化融合发展，最终形成了具有中国特色的佛教文化"。也就是说，佛教虽然产生于印度，但传入中国的佛教最终已经成为中国文化的有机组成部分。这一历史转型的完成就是中国化。

学术界一般认为，在外来宗教中，佛教的中国化是最彻底的。佛教中国化经历了漫长的岁月，并在义理、信仰、仪轨、修行以及寺院和僧团等各个方面全面展开，但最具理论深刻性和实践持久性的还是宗派的形成。中国汉传佛教主要有八大宗派，自从隋唐时期正式诞生以后，始终是中国佛教理论体系和实践体系的第一支撑。

习近平主席在 2015 年中央统战工作会议上提出，积极引导宗教与社会主义社会相适应，必须坚持中国化方向。在今年的全国宗教工作会议上，习主席再次强调，积极引导宗教与社会主义社会相适应，一个重要的任务就是支持我国宗教坚持中国化方向。全国政协主席俞正声在总结讲话中要求深刻理解坚持我国宗教中国化方向，不断提高宗教与社会主义社会相适应的广度和深度。在这种背景下，汉传佛教宗派文化的深入挖掘与系统整理便具有了非常强烈的现实借鉴意义。

宗派是印度佛教传入中国后形成的。每个宗派的形成都是中外高僧集体智慧的结晶。所以，每个宗派不但各有其所依据的经典支撑，还各有其祖师的理论建树与实践的开展，而每个祖师的理论建树与实践开展又总是在各自的传承谱系中进行的，并落实在一定的空间之内，于是每个宗派在形成祖师传承谱系的同时，又形成各自特有的祖庭。每个宗派一般都会有多位创宗祖师，祖师们又会驻锡不同的寺院，所以，每个宗派总是有多个祖庭。

八大宗派的历史已经有一千多年，祖庭与此相同，一般也具有千年以上的历史。祖庭的文化底蕴总是与这个宗派直接相关。如果说祖师谱系体现了宗派的传承，那么祖庭沿革则是宗派变迁的一种反映。祖师们贡献了自己的智慧，祖庭则见证和承载了祖师的智慧，并由此塑造了自己的文化特色，不断丰富着自己的底蕴。所以，在中国，祖庭一直是佛教神圣性资源的重要组成部分。过去，我们佛教界一直很重视宗派，但我们往往比较忽视祖庭的价值。另外，我们也疏于对宗派历史与思想进行通俗化传播，于是，宗派及其祖庭这种文化资源的价值并未得到充分的发挥。

改革开放以来，特别是进入二十一世纪以来，陕西省政府有关部门开始重视佛教祖庭文化。2005 年陕西省政府组成宗派祖庭调研领导小组，时任副省长的张伟担任组长，对陕西境内六大宗派之祖庭进行了全面的调研，形成画册、专著、电视专题片和专项规划等四项成果，叶小文、释学诚、黄心川等名家担任顾问，陈忠实、魏道儒等各界名流出席了成果发布会，影响曾盛一时。这次调研激发了很多人对祖庭的兴趣，并引起有关部门对祖庭文化资源的重视。

2014 年 6 月，大慈恩寺、兴教寺、大荐福寺、大佛寺等四处陕西境内的佛教寺院成功进入联合国世界文化遗产名录，其中三处都属于佛教宗派的祖庭，佛教祖庭的名声由此大振，并因此引起了很多人对佛教宗派及其祖庭的关注。与此同时，陕西省政府也更加重视祖庭文化资源的保护和利用。2014 年 6 月 17 日，时任陕西省省长的娄勤俭在时任副省长白阿莹、西安市委书记魏民洲、时任陕西省宗教局局长徐自立、时任陕西省宗教局党组书记张宁岗、时任西安市常务副市长岳华峰陪同下，对律宗、华严宗等宗派的祖庭进行了调研，并在密宗祖庭大兴善寺召开了汉传佛教六大祖庭住持座谈会。我也参加了调研和座谈会，并在会上就祖庭文化资源的价值和保护利用现状等问题发了言。娄勤俭省长在会上要求，坚持弘扬优秀传统文化，把各宗派在佛教发展中的独特贡献继承好、发扬好、展示好。2014 年 8 月，陕西省委常委、省委统战部部长陈强走访了三论宗祖庭草堂寺、净土宗祖庭香积寺、唯识宗祖庭兴教寺等佛教祖庭，其他时间还走访了华严宗祖庭华严寺及密宗祖庭大兴善寺。

紧接着，陕西省又相继启动了一些新的有关佛教祖庭的项目，其中反响比较热烈的是陕西省文物局负责的六大祖庭打包申遗。据报道，2015 年已进入计划申请列入中国世界文化遗产预备名单的阶段，等待国家文物局对全国的世界文化遗产预备名单调整和审定，将确定最后能否继续申请成为世界文化遗产。

2016 年 11 月份，将在西安召开由中国佛教协会、中华宗教文化交流协会联合主办，陕西省组委会承办的"汉传佛教祖庭文化国际学术研讨会"，会议主题为"祖德流芳，共续胜缘"，分议题为"汉传佛教祖庭与文化弘扬""汉传佛教祖庭与中国实践""汉传佛教祖庭与国际交流"。届时，将有来自海内外的两百多名著名法师、学者和文化名流参会，以期深入挖掘汉传佛教祖庭的文化内涵，探索汉传佛教的现代化道路，总结汉传佛教的文化积淀和发展经验。

除了学术研究之外，中国汉传佛教宗派与祖庭文化始终存在一个通俗化推广的问题。前些年江苏古籍出版社出版了中国佛教宗派通史丛书，但至今没有一套通俗化的宗派及其祖庭丛书。不进行通俗化的传播，宗派的理论建树与祖庭的文化底蕴都难以为社会所理解，佛教中国化的历史经验和博大精深的智慧资源也就难以得到有效的借鉴。

　　李利安教授主编的这套"中国汉传佛教八大宗派及其祖庭丛书"是第一套通俗介绍八大宗派及其祖庭的著作。丛书由八本专著组成,每个宗派一本,系统全面地阐述了八大宗派及其祖庭的历史与现状,尤其是通过祖师谱系的勾勒和理论体系的阐释,揭示了汉传佛教八大宗派的内在结构与基本特性,为读者展现了宗派与祖庭文化的无穷魅力,具有重要的学术意义和现实价值。李利安教授是我多年的朋友,他长期从事佛教文化的研究和教学工作,取得了很大的成就,受到学术界和教育界的一致好评。更为可贵的是,李教授不但是佛教的资深研究者,也是虔诚信仰者,更是佛法的弘扬者。他以担当精神和正信理念护持佛教,堪称智护尊者!相信他这次组织撰写的宗派及其祖庭丛书也一定能得到读者的欢迎。同时,我也希望借助这套丛书的出版,各界进一步密切合作,在佛教宗派与祖庭文化资源的挖掘、整理、保护、利用等方面继续努力,以充分发挥佛教文化在净化人心、提升道德、庄严国土等方面的积极作用。

中国佛教协会副会长
陕西省佛教协会会长　　　　　增勤
唯识宗祖庭大慈恩寺方丈
　　　　　　　2016 年 10 月 8 日

浩浩宗风传法脉　巍巍祖庭蕴哲思

一

　　佛教文化方面的丛书已经出版很多了，但既全面系统又通俗易懂地阐释中国汉传佛教八大宗派及其祖庭的丛书这还是第一部。

　　大家都知道，佛教是中华文化的有机组成部分，不了解佛教就不可能对中华文化有透彻而准确的理解。而一提起佛教，大家往往都会说，中国佛教有三论宗、唯识宗、净土宗、律宗、华严宗、密宗、禅宗、天台宗等八大宗派，不懂这八大宗派就难以理解中国佛教。此言不虚，八大宗派是中国人选择和理解印度佛教的结晶，不但代表着佛教的中国化，而且形成了中国佛教最深厚的理论支撑，是塑成中国特色佛教文化的灵魂。直到今天，任何人学习佛教，只要稍微一深入，无论是探讨《金刚》《法华》《坛经》《华严》《楞严》《圆觉》《深密》《大日》《阿弥陀》及三论等经典，还是领会慈悲、智慧、中道、不二、止观、圆融、唯识、净土、三密等理念，都绕不开八大宗派。

　　与宗派相伴生的则是祖庭，因为宗派是由祖师创立的，而祖师创宗立派都是在某个寺院之内完成的，于是这个寺院便被奉为该宗的祖庭。一旦被奉为祖庭，便在该宗之中具有神圣的意义，源于儒家的寻根问祖也逐渐成为烘托祖庭地位、拓展祖庭内涵、激励祖庭发展的一种重要文化现象，从而既留下很多美丽的传说，也成为当代各祖庭激发文化自觉、确立文化自信和实现文化自强的重要因素。如果说宗派塑成了中国佛教理论体系与实践体系的灵魂，成就了中国佛教历史的第一精华，那么祖庭就是中国佛教空间载体中文化积淀最为深厚的圣地，与五大名山、三大石窟等具有同样的地位。对所有想深入了解佛教文化的人士来说，宗派与祖庭都是他们不能逾越的思想城池。拿下这座城池，才有机会进入佛教思想的王宫。

　　前些年江苏古籍出版社出版了一套中国佛教宗派丛书，八大宗派每宗一部通史，堪称宗派研究的里程碑，不过除了纯学术而不利于其价值的社会转化外，也没有对祖庭进行系统研究。近年来陕西省相继就祖庭文化的宣传推广做了很多工作，但始终只限于六大宗派，缺少了最为流行的禅宗和唯一完全由中国人创立的天台宗，而且呈现出注重祖庭而忽视宗派的倾向。将宗派与祖庭统合在一起进行考察，并进行全面、系统、准确、通俗的解读，这一工作一直未能取得重大进展，宗派与祖庭文化在激发智慧、净化灵魂、匡扶道德、提升人文等方面的现实价值也就不可能得到真正的发挥。

改革开放以来，尤其是进入二十一世纪以来，中国经济迅速腾飞，综合国力不断增强，而国人的精神不但没有获得相应的提升，反倒出现了更多的空虚、焦虑、疲惫，信仰缺失，理想迷茫，道德滑坡，内心的紧张与现实的冲突不断增多，精神净化与伦理重塑的呼声日益高涨，从佛教文化中挖掘智慧的借鉴成为对治当代中国精神危机的重要途径。当然，我们也清楚地看到，目前大众接触和吸收佛教智慧的途径还仅仅局限于"鸡汤型"传播路径，尽管实现了生活化和通俗化，但在理论的深刻性、完整性、逻辑性、神圣性等方面都远远不能与博大精深的佛教智慧相呼应，这也是很多有识之士深感可惜的现象。随着文化的昌盛与佛教传播的逐渐普及和日趋深入，告别文化凋敝时代饥不择食的"鸡汤"慰藉，突破浅显单薄的表层说教，为佛教信仰寻求更加厚重的精神给养，为文化交流与传播增添更多精深高雅的元素，为生活实践提供更加丰沛的智慧滋润，这将成为越来越多的中国人的选择，也将成为中华文化发展的必然趋势。所以，具有精湛而深刻的理论情趣的宗派以及诞生了宗派思想并不断走向复兴的祖庭将日益受到世人的青睐，这将是一个不可阻挡的历史潮流。深入宗派，走进祖庭，回味历史，反观人生，在八宗理论的鉴赏中理解中国佛教的微妙旨趣，在八宗修持的体验中领会佛教应对人生困惑的奇特方法，相信你的思维会得到训练，智慧会得到滋养，精神会得到重塑，心灵会得到净化，生命的品质也会获得提升。

二

说起宗派，在中国它总是和学派联系在一起的。中国佛教的学派主要出现在魏晋南北朝时期，而宗派则出现于隋唐时期。学派是对印度佛教的学习与筛选，宗派则是对印度佛教的筛选与改造，从学而后选，到选而后改，完成了从学派到宗派的转换，也从理论与实践两个方面完成了印度佛教的输入与域外佛教中国化的基本进程。相对于学派来说，佛教宗派主要有以下六个特点。

一是通过对传入中国的域外佛教的学习与理解，既完成了经典的鉴别与学说的筛选，也完成了理论的融会与修法的创新，不但形成了独具一格的理论解读，也形成了契理契机的总体改造，代表着佛教中国化在文化深层的最终实现。

二是在筛选、改造的基础上，形成本派内部公认的、完整而相对定型的理论体系和修行体系，并依赖这种相对统一的理论体系和实践体系，划清宗派的界限，形成固定的信奉人群，铸造生存与发展的基本框架，沉淀各自不同的宗风。

三是师徒相承，恪守理论与实践体系的代代相传，形成相对完整的传法体系，确保宗派理论与实践的正统性和权威性，并以这种传法体系为核心，形成文化的认同与情感的亲近，进而凝聚师徒人心，链接同修同道，在传法谱系的延伸中，尽力维系宗派的代际传播。

四是通过判教对在中华大地上生根的外来佛教的各个不同学说进行次第与关系的安顿，在协调宗派关系的同时，完成对自身学说正统性和崇高性的论证，把自己宗奉的学说和其他学说区别开来，并确定为佛法的最高境界。这种判教思想与实践是世界宗教史上的创举，不但带来了佛教派系直接和平友好的相处，而且激发了相互之间的互补呼应与圆融统一，更重要的是确立了自身的文化自信，并不断激发出文化自强，奠定了八大宗派分立共处的基本格局。

五是因为传法体系的建立和师徒关系的维系，以及同门同修之群体的相对稳定，各宗派均形成自己的传法、修持和弘教中心，一般表现为一处或多处相对稳定的道场，有些寺院因为创宗祖师或中兴祖师的驻锡而形成被后世追奉为祖庭的寺院。

六是具有相对明确的派别意识，主要表现为对不与他同的教义和修持的热爱与宗奉，对创宗和传承祖师的认定与崇拜，对道统的认可与维系等。这种派别意识与判教思想相互联系，判教重在处理与其他宗派的关系，而派别意识则重在自我爱护与自我维系。

当然，不同宗派在以上六个方面的表现是有所不同的，有的宗派在学理与修行方面的个性极强，信仰认同性也非常突出，但在传承体系等方面很弱，如净土宗；有的宗派虽有建立在理论认同性基础上的僧团与学说的纵向传承，但在学理的普适性方面极强，以致缺乏个性，很快如雪融化，普润了大地，促使了新的生命诞生并茁壮成长，但不断地消解了自己，如三论宗；有的宗派尽管学理传承明晰，个性也很浓郁，但为整个中国佛教尤其是出家群体所吸收，成为规范性极强的基础性文化体系，从而减弱了独立存在的意义，如律宗；有的宗派理论个性分明，宗奉的群体也相对稳定，但仅仅在极少数精英分子中有短暂的流传，哲学性超过了宗教性，高雅性超过了通俗性，文人性超过了民众性，虽然魅力无穷，但影响面很小，如唯识宗；有的宗派尽管体系严密完整，理论独具特色，但信仰的神圣性与修行的复杂性使其局限于上层，难以在民众中完整推行，后来常规的传承谱系中断，在被迫转型后以另外一种弥散的形态大面积地延续着自己的顽强生命，如密宗。另外，天台宗、华严宗即使在隋唐时代也缺乏强烈的宗派意识。因为学理的认同而形成的相对固定的群体以及相对明确的师徒传承是隋唐时代中国佛教宗派的重要特征，寺院财产与管理的专属性继承、学修群体的组织性排他意识、传法谱系的宗法性沿袭，所有这些严格意义的宗派特性，除了晚唐之后的禅宗之外，隋唐时代的其他宗派都不太明显。

可以这么说，中国汉传佛教的宗派有三大类：第一类是传承认同性的宗派，传法谱系清晰，师徒关系严明，具有宗法性的特色，成为一种综合性的社会存在，属于严格意义的宗派，其中以禅宗为典型，密宗也基本可以划归此类；第二类是法脉认同性的宗派，对学说的领会与传承，对思想的认同与坚守，对方法的推崇与遵行，呈现出思想文化的代际传播，以三论宗、天台宗、华严宗、唯识宗为代表；第三类是信仰认同性宗派，建立在个性分明、心理趋同、修法统一的基础上，可以超越师徒直接传承的限制，属于松散意义的宗派，以净土宗为代表，律宗也基本可以划归此类。当然，这仅仅是一个大略的分类，细究起来，各个宗派的特性识别及其相互关系的划分其实也是一件很难的事情。而且，对宗派划分的方法是很多的。不同的研究宗旨会选择不同的划分方法，不同的划分方法自然会有不同的分类结果。按照我们这种分类方法进行观察，在中国佛教诸宗派中，只有禅宗的宗派传承意识最强，并有长久的延续，且成为宋代以后中国佛教宗派传承体系的主要代表。

宗派曾经是隋唐时代中国佛教走向鼎盛的象征。两宋以后，八大宗派的原有光环逐渐暗淡，以致很多人认为宗派的地位已经让位于菩萨信仰、因果报应、地狱净土、行善积福、经忏法事等信仰性佛教和静避山林的禅修传统。其实，两宋之后的中国佛教远非这么简单，佛教的信仰化、生活化、简易化、功利化、神秘化、民众化成为这个时期佛教发展与存在的基本态势，但在佛教文化的深层存在中，源于宗派、成于宗派、基于宗派的文化主脉始终肩负着滋养佛教思想、框范佛教修行、塑造佛教形态的重任。宗派就像一条暗藏着的轴线，决定着中国佛教的生存与发展走向。可以这么说，宗派不但象征着隋唐时代的佛教繁荣，也支撑着隋唐之后中国佛教的基本体系并始终引领着中国佛教的发展变化，直至今天并将继续下去。总体上看，宗派在中国佛教中的地位主要体现在以下六个方面。

第一，汉传佛教的宗派是中国人引进、筛选、理解、吸收印度佛教的最大成果，是中国佛教理论探索与创新的结晶，既反映了印度佛教中国化的归宿，也代表着中国佛教最辉煌的理论成就，其不但使印度佛教的思想得以继承和延续，实现了续佛慧命、保存文明的伟大使命，而且极大地丰富了中华文化的宝库，彰显了中国人的理论勇气与卓越智慧，为后世中国佛教奠定了雄厚的理论基础和修行实践的基本依据，是中国佛教至今无法逾越的历史荣耀。

第二，中国佛教八宗并存，相互呼应，共成一体，造就了独具特色的中国佛教文化。这些宗派各有其据，各显其长，各传其法，各守其道，因其强烈的个性而形成彼此的分立与呼应，相互的激发与补充，并最终形成多元一体的格局，由此也决定了整个中国佛教的基本体系。在这个多元一体的文化命运共同体内部，各宗派通过判教来解释彼此的分立，形成次第有序、相互包容、圆融会通的宗派关系，这既与中世纪天主教的异端裁判行为相异，也与伊斯兰教分派过程中的激烈对抗不同，中国佛教的宗派并立创造了一种彼此认同、和谐呼应、圆融一体的佛教文化生存与发展机制。这种内在机制既是多元的，又是一体的，所以这种宗派并立是和平友好的，是彼此相成的，是充满活力的。这既是解释中国佛教理论体系和实践体系之特色的最大秘密，也是理解中华文化基本特性的一个前提。

第三，宋代以后的中国佛教，尽管以禅修和念佛为主体，并呈现出浓厚的通俗性、信仰性和生活性，但纵观这段历史，真正具有理论意义的史实依然可以从宗派中找到发展的线索，各个宗派的著作及其所宗奉的经典始终是中国佛教注释与研习的热点，尽管缺少了隋唐时代的理论创新，但佛教自古以来并不以理论创新为追求，而是以佛法的正统为前提，以理论的支撑为基础，以实践的引领为目的，也正是由于宗派经典与学说的持续流行，才足以框范中国佛教的发展趋向，保证中国佛教的理论与实践不致出现大的偏失与走形，中国汉传佛教的正统性才得以保持。

第四，从宏观来看，当代中国汉传佛教，不论是佛教寺院，还是僧团组织，不论是日常法事，还是个体归属，除了禅宗、净土宗、密宗之外，其他宗派均不再具有中国佛教存在形态的支撑性意义。但是，各个宗派的理论成就与修行方法为当今佛教提供了活水源头，而且是取之不尽，历久弥新，呈现出旺盛的生命力和强劲的影响力，这是当今任何一位初具佛教文化的人都知晓的事实，可以说，离开了八大宗派，当代中国佛教的理论形象与信仰魅力将大为降低，所谓佛教理论体系的博大精深也就成了无稽之谈。

第五，除了禅宗之外，其他宗派尽管已经退出了宗派原有的存在模式，但是，这些宗派的经典著述尤其是那些创宗祖师的学说在今天依然被很多人虔诚宗奉，从而形成具有宗派意义的法脉传承和特色僧团，如近代以来由月霞、应慈、真禅等人师徒相承的华严宗，由谛闲、倓虚、明哲等人师徒相承的天台宗，由杨文会、欧阳竟无、吕澄等人师徒相承的唯识宗，另外，弘一大师的律宗和印光大师的净土宗也有深远影响。而在当代，悟光、彻鸿师徒相承的密宗，普陀山妙湛大和尚弘扬的天台宗，台湾海云法师弘扬的华严宗，东林寺大安法师弘扬的净土宗，重庆惟贤长老弘扬的唯识宗，也均宗风鲜明，个性突出，堪称隋唐佛教宗派的当代延续，可见这些宗派的现实意义与影响力是不可忽视的。

第六，在当代国内与国际的学术研究以及佛教界的各级各类佛学院的教学体系中，汉传佛教的各个宗派依然具有指引性意义。很多学者都将研究的兴趣指向宗派，相继涌现出大量的研究成果，而且在未来相当长的时间内，宗派研究将依然是中国佛教学术研究不会轻视的领域。中国佛教与东亚各国尤其是日本佛教的交往，宗派依然是一个极为重要的桥梁。而中国目前各个佛学院的专业划分往往也以八大宗派为指南，并形成以宗派为特色的教学体系。所有这些都显示了宗派在当代佛教中的重要影响，说明宗派不是逝去的辉煌，而是现实的存在。

宗派总是和祖庭联系在一起的。祖庭是宗派的载体，宗派是祖庭的灵魂。祖庭认定的第一因素是祖师，而且专指那些创宗祖师或中兴祖师。所以，我们要先讨论一下什么样的人才能算作创宗祖师或中兴祖师。当然，祖师的认定主要是一个宗派内部根据公认原则的约定俗成，尽管政权、学术、文人、社会大众对祖师的认定也会产生重要的影响。在中国佛教历史上，一个宗派的祖师序列是不同时代逐渐形成的，凡是在该宗派孕育、萌芽、形成、转型的历史进程中做过重要贡献的人都可能被奉为创宗祖师。一般来说，这种重要贡献是指以下五个方面：第一，该宗派所奉经典的翻译者和最初的弘扬者，如三论宗中土初祖鸠摩罗什，唯识宗中土初祖玄奘，密宗中土前三代祖师善无畏、金刚智、不空；第二，该宗派所奉经典的最初和最主要的注释与弘传者，如天台宗的智顗、律宗的道宣、三论宗的吉藏、华严宗的前三代祖师等；第三，该宗派所宗奉的思想与信仰以及修行方法的最初倡导者或最重要的推广者，如净土宗的慧远和昙鸾、道绰、善导及其后的各位祖师；第四，与该宗派理论情趣与修行风格一致或因为具有孕育、萌芽、促成等关联性而被后世奉为祖师，如禅宗的初祖菩提达摩及二祖慧可、三祖僧璨和四祖道信；第五，为该宗派的转型发展做出巨大贡献，从而使该宗派取得巨大进展的，如华严宗的第四代祖师澄观，净土宗第十三代祖师印光等。

讨论了什么样的人才能算作创宗祖师或中兴祖师后，我们再来讨论什么寺院才能算作祖庭。根据我对中国佛教传统的理解，凡是符合以下任何一种条件的寺院，均可视之为祖庭：第一，在历史上被奉为一个宗派之创宗祖师的人，生前著书立说、译经弘教、收徒传法、依法修行的寺院；第二，在历史上被奉为一个宗派之创宗祖师的人圆寂后第一批舍利供奉之地；第三，被奉为创宗祖师的人诞生、出家和圆寂等重大事件发生地的寺院；第四，在该宗派形成之后发生的重大转型与发展过程中产生直接作用，并被奉为该宗祖师的人，其重塑该宗之事的主要发生地。一般所说的宗派复兴主要是指这种具有一定创新性与拓展性的发展，有变化，有转型，有提升，有发展，而不仅仅是一般意义的壮大，如该宗信众的增加，传播地域的扩大，实力的加强等。这样的标准，排除了以下几种情况：第一，虽然也被奉为祖师，但既非创宗也非中兴的祖师，这些人驻锡、著述、弘法、修持的寺院不在祖庭之列；第二，虽然被奉为创宗或中兴祖师，但所驻寺院不是成就该宗诞生或中兴之地（即不是著书立说、译经弘教、收徒传法、依法修行的寺院），也非这些祖师诞生、出家、圆寂之地，则不能算作祖庭；第三，创宗或中兴祖师圆寂后，舍利在第一次安奉供养之后，部分转移供奉之地，也不能作为祖庭。

祖庭在宗派发展乃至整个中国佛教发展中具有重要的地位，主要表现在以下四个方面。

第一，祖庭是祖师驻锡生活之地，养育了祖师生命，留下了祖师的足迹，辉映着祖师的身影；祖师舍利供奉地的祖庭则因为祖师真身常在而别有亲近温馨、神圣肃穆之气韵；同时，祖庭还是祖师灵感的迸发之地和祖师智慧的成就之地，见证了祖师的荣耀和思想的伟大，并因此印证了这块土地的神奇。所以，怀念祖师必然与崇敬祖庭相伴生，这也是与中国宗法制以及天人合一等理念最接近的一种祖庭情怀。

第二，祖庭是中国佛教理论创新的基地，佛教中国化的核心园地。佛教传入中国五百多年之后，一种全新的佛教思想在这里孕育扎根，一种全新的佛教修法在这里破土而出，一种全新的佛教文化体系在这里茁壮成长，从而在这里矗立了中国佛教发展历程中直到今天都堪称之最的里程碑，使这一空间在中华文化发展史上具有了神圣的意义。信仰和传承这种思想，必然对这种思想的诞生地产生情感的认同与精神的皈依。

第三，祖庭不但是宗派思想的诞生地，更是宗派思想传承与沉淀之地，蕴含着宗派的荣光，氤氲着宗派的气息，汇聚着宗派的底蕴。对学习和践行这些宗派理论与修法的人来说，回归祖庭，走进历史，犹如投身祖师的怀抱，沐浴宗派的慧光，在此氛围的感染下，体验祖庭的深厚文化积淀，感受古今贯通的滋味，必然会有意外的收获。

第四，祖庭是宗派的空间遗存，是宗派留存至今的最鲜明的物质载体，凝聚着宗派的历史记忆，是宗派魅力在当代彰显的大本营，是宗派现代复兴的第一阵地。正是由于这些祖庭的存在，宗派的历史才不断被激活，宗派的学说才不断被传扬，宗派的记忆才会转化成新的篇章。今天的各个祖庭都以各自的宗派而树立起文化的自信与自豪，并在文化自觉中努力实现文化的自强。祖庭在这一过程中给他们信心，给他们力量，给他们支撑。如果说在历史上是宗派成就了祖庭，那么在今天却要借助祖庭去成就宗派。

<h1 style="text-align:center">三</h1>

西安电子科技大学出版社于 2014 年获得陕西出版资金资助，出版了王宏涛著的《西安佛教祖庭》一书。王宏涛是我的博士研究生，应他的请求，我为该书作了一篇序言，从而与该书的策划编辑高樱及出版社相关人员也结下佛缘。

一次，我陪西北大学朱益平老师前往香积寺参访，高樱正好也要送刚刚出版的《西安佛教祖庭》一书给本昌法师，于是我们便一同前往。在这次交谈中，我提到翻阅该书的一些感受。我认为祖庭的灵魂在宗派，讲祖庭必须讲宗派。而要想把每个宗派及其祖庭讲清楚，一本书实在是太小了，很多问题只能一笔带过，无法深入。我们过去在祖庭文化方面做了很多工作，但不进行全面系统的祖庭文化解读，任何祖庭资源的保护与祖庭文化的宣传以及其他一些工作都是难以准确到位的。过了不久，高樱突然邀请我来出面组织学者重新编写一套有关祖庭的书，每个宗派及其祖庭一本，共八本，形成一套丛书。我开始比较犹豫，但鉴于她的鼓励与期待，当然也有我自己以及我的团队在宗派与祖庭研究方面长期积累所建立起来的自信，于是就答应了下来。我很快安排人力，以我指导的在校或业已毕业的博硕士研究生为主，共调集了十位青年才俊来承担这项任务。

写作过程中，每本书都遇到了很多问题。大家多次集中，一起讨论，每次讨论高樱都全程参加，每个人都激发出自己的智慧，在协同作战中表现了可贵的合作友爱精神。具体的撰写工作对每个人来说都是一次严峻的考验，好在这支队伍不但是有水平的，也是有担当意识的，更重要的是亲和而默契的。大家经历了艰辛的写作体验，也为自己的生命时光刻下了独特的记忆。九月中下旬，八本书稿相继定稿并交付出版社。在编辑过程中，西安电子科技大学出版社的胡方明社长、阔永红总编辑、陈宇光副总编辑等领导都给予了全力的支持，不但开启了绿色通道，特事特办，而且调集了出版社最强的编辑力量，节假日不休息，沉稳而快速地推进相关工作。其策其法，有胆有识；其情其义，令人感动。

从目前完成的书稿来看，本丛书总体上有以下七个特点。

一是八宗兼备，每宗一册。本丛书的主线是纵向勾勒，横向分类，体系清晰，结构完整。

二是时空落实，主要体现在宗派与祖庭兼备，既有对宗派的介绍，也有对祖庭的描述，有助于实现时空的定位。

三是古今贯通。从渊源讲起，在追溯历史的同时，关注当下的状况，实现了古今的呼应，避免了学术界常见的重古薄今。

四是史论结合。宗派的历史与宗派的学说同等重要，祖庭的沿革与祖庭的神韵均受到关注。

五是解行并重，也就是理论与实践的统一，既注重对宗派理论的解析，也注重宗派理论的当代价值，对于那些在现代生活中具有借鉴价值的学说给予重点介绍。

六是内外同观。佛学也称为内学，佛教以外的学说则被称为外学。从佛教信仰的视角观察，宗派的历史与宗派的信仰一般会更加丰满，而从佛教以外的视角观察，则可能更加客观。二者结合起来，才可能更加全面准确地再现宗派和祖庭的历史与文化底蕴。

七是雅俗共赏。本丛书不追求观点的创新，尽管也有很多创新，而重在追求通俗化的呈现。尽管在通俗化方面也并未达到我的期望，但总体上看，通俗易懂依然可算作是本丛书的一个亮点。

由于时间紧张，本人水平有限，本丛书中不可避免会存在一些问题，渴盼读者慈悲为怀，不吝赐教，帮助我们不断进步。

李利安

2016 年 10 月 5 日　于心苑书屋

目　　录

一、走入华严富贵佛国...001

  （一）《华严经》的内容、结构与特点.........................003

    1.《华严经》的主要内容.......................................003

    2.《华严经》的基本结构.......................................004

    3.《华严经》的特点...005

  （二）华严三圣...006

    1. 毗卢遮那佛...007

    2. 普贤菩萨...007

    3. 文殊菩萨...010

  （三）《华严经》里的典故...012

    1. 善财童子五十三参...012

    2. 普贤菩萨十大行愿...014

二、《华严经》的印度渊源...015

  （一）"如来藏"思想...017

    1. "如来藏"与佛舍利崇拜.....................................017

    2. 印度教对"如来藏"的影响.................................018

  （二）"如来藏"与"法身"、"法界"的结合...................020

    1. "法身"含义的演变...021

    2. "法界"含义的演变...022

  （三）《华严经》与"如来藏"..025

    1. 普贤菩萨与"如来藏"的关系.............................025

    2. 毗卢遮那佛与"如来藏"的关系.........................026

    3. "如来藏"的实质——"光网法界"......................027

三、华严系经典的输入与流传...029

  （一）华严系经典的输入...031

    1. 华严系单行经的逐次输入.................................031

    2. 大本《华严经》的形成.....................................032

  （二）《华严经》的形成地点..035

    1. 诸家之说法...035

  2. 笔者之观点 037
  (三) 华严类经典在汉地的流传 041
    1. 最初受冷落阶段 041
    2. 逐渐兴盛阶段 043

四、唐代华严宗的创立与沿革 051
  (一) 华严宗的创立 053
    1. 初祖杜顺 053
    2. 二祖智俨 053
    3. 三祖法藏 055
  (二) 唐代华严宗的沿革 057
    1. 李通玄 058
    2. 四祖澄观 059
    3. 五祖宗密 060
    4. 六祖玄珪真奥 061

五、华严行法与华严哲学 063
  (一) 华严行法 065
    1. 华严行法的修行目标与思路 065
    2. 技术层面的"普贤行" 069
  (二) 《华严经》中的哲学思想 074
    1. 《华严经》哲学阐释的核心内容——"一多关系" 074
    2. 《华严经》中哲学的空观 078
    3. 《华严经》中哲学思想的来源 080
  (三) 华严宗哲学的重要范畴 082
    1. 四法界 082
    2. 六相缘起 083
    3. 十玄门 083

六、唐以后华严学的传承 085
  (一) 宋辽金元时期华严学的传承 087
    1. 宋代的华严学 087
    2. 辽金西夏的华严学 091
    3. 元代的华严学 094
  (二) 明清民国时期华严学的传承 100
    1. 明代的华严学 100

　　2. 清代及民国时期的华严学 106

七、祖庭的创立、沿革与现状 111

　　(一) 华严祖庭至相寺 113

　　　　1. 至相寺的创立 113

　　　　2. 至相寺的历史沿革 116

　　　　3. 至相寺现状 123

　　(二) 华严祖庭华严寺 127

　　　　1. 华严寺的创立 128

　　　　2. 华严寺的沿革 130

　　　　3. 华严寺的现状 139

　　(三) 华严祖庭显通寺 145

　　　　1. 早期的显通寺 145

　　　　2. 元明清时期的显通寺 146

　　　　3. 显通寺现状 148

　　(四) 当代对华严学的阐扬 150

　　　　1. 学界的活动 150

　　　　2. 教界的活动 151

后记 153

一、走入华严富贵佛国

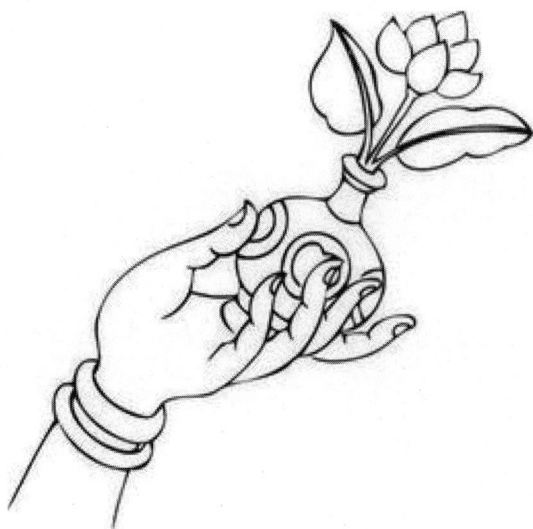

"不读华严，不知佛家之富贵"已经广为佛教界所接受。《华严经》里描绘的奇妙瑰丽的莲花藏世界，神变迭出的奇异景象，菩萨应景讲法的宏大场面，都是其他经典不能比拟的。后来围绕对《华严经》的解释，形成了华严宗。由于《华严经》是华严宗的宗经，对华严宗至关重要，因此在讲述华严宗之前，先介绍《华严经》的大体情况。

（一）《华严经》的内容、结构与特点

《华严经》中的"华严"是"杂花庄严"之意，"杂花"是指佛教不同菩萨所代表的不同法门，"杂花庄严"即以诸菩萨行之次第来达到庄严佛果之目的。

1.《华严经》的主要内容

《华严经》的主题就是善财童子见到善知识总是问的问题："我已发菩提心，而不知云何学菩萨行？修菩萨道？"说到底，与强调智慧的般若类经典不同，《华严经》主要是介绍如何学菩萨行、修菩萨道的修行实践学问，就是讲怎么入法界，成就法身。

针对善财童子的问题，《华严经》借文殊菩萨之口，给出的答案就是要修"普贤行"。《华严经》先讲毗卢遮那佛的莲花藏世界的殊胜，高于极乐世界、

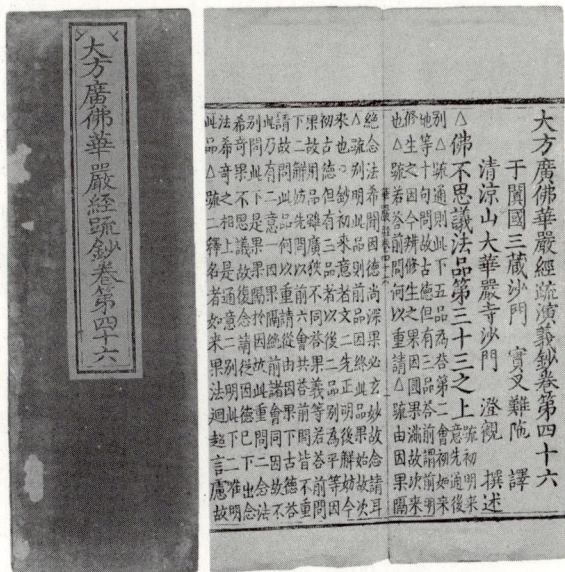

大方广佛华严经

娑婆世界以及其他任何世界；再讲普贤行的步骤，通过十信、十住、十行、

十回向、十地等次第，最后见到普贤菩萨，进入法界，成就佛身；最后讲修行的关键在于要发菩提心，要亲近善知识，要走入社会关心他人，强调有能力的话要帮助弱者。

《华严经》素有"经王"之称，是集中表现修行的经典，通过了解《华严经》的结构组成，我们才能知道《华严经》的特点。

2.《华严经》的基本结构

《华严经》的第一部分包括《世主妙严品》、《如来现相品》、《普贤三昧品》、《世界成就品》、《华藏世界品》以及《毗卢遮那品》。这部分内容主要以华丽的语句来描述"华藏世界"的壮丽、殊胜、富贵、广大，以及毗卢遮那佛和普贤菩萨的神通与权威。

《华严经》的第二部分包括《如来名号品》、《四圣谛品》、《光明觉品》、《菩萨问明品》、《净行品》以及《贤首品》。这部分内容属于佛教所说的"信门"，主要讲如何清净自己的身、口、意，建立起对华藏世界和毗卢遮那佛的信心。

《华严经》的第三部分包括《升须弥山顶品》、《须弥顶上偈赞品》、《十住品》、《梵行品》、《初发心功德品》、《明法品》、《升夜摩天宫品》、《夜摩宫中偈赞品》、《十行品》、《十无尽藏品》、《升兜率天宫品》、《兜率宫中偈赞品》以及《十回向品》。这部分内容属于佛教所说的"解门"，即为信众讲解修"普贤行"的理由，有关的概念与修行要点，以及注意事项。我们可称之为修行前的准备工作。

《华严经》的第四部分就是著名的《十地品》。它属于佛教所说的"行门"，即实践部分，是《华严经》中最重要的部分，详细论证每个修行阶段的特点与层级。

《华严经》的第五部分包括《十定品》、《十通品》、《十忍品》、《阿僧祇品》、《如来寿量品》、《诸菩萨住处品》、《佛不思议法品》、《如来十身相海品》、《如来随好光明功德品》、《普贤行品》、《如来出现品》以及《离世间品》。这部分内容属于佛教所说的"证门"，也就是通常所说的"明果"，主要讲述成就佛身，进入法界之后的神通、寿量、功德等。

《华严经》的第六部分包括《入法界品》和《普贤行愿品》。这部分内容主要以善财童子为修行榜样，非常具体地把前面所述的修行实践展现了出来，并以操作性很强的十条行愿对整个修行过程进行总结。

3.《华严经》的特点

《华严经》作为如来藏系经典的代表，与其他佛经有很大不同，有很多自己的特点。

(1)《华严经》所推崇的佛是毗卢遮那佛，而不是释迦牟尼佛。

毗卢遮那佛，也翻译为卢舍那佛。按《华严经》的说法，卢舍那佛为法身佛。什么是法身佛？这就牵涉到了佛的三身说。佛的三身，即应身(或化身)、报身(或受身)、法身三种佛身。佛教的三身佛理论有一个发展过程，最早是一佛身，就是化身佛释迦牟尼。化身佛是为了救世，以凡人的形象出现在人间，教化百姓，度化众生。最有名的化身佛就是释迦牟尼佛。

化身佛会生灭，无法满足信众对神秘力量的想象，于是后来印度出现了《大般涅槃经》(简称《涅槃经》)，讲"常、乐、我、净"的佛身，为佛的果报身。报身佛也叫"受身佛"，如阿弥陀佛、药师佛、阿閦佛等，其佛身为受用身，他不会生灭，永享自在与幸福。报身佛的佛身也很清净，只有入地菩萨才能够看到，一般人是看不到的，但是为了方便修行者观想和礼拜，后来也塑成了有形象的佛身。

在《华严经》里，则出现了第三种佛——法身佛。法身佛的名字在《八十华严经》中翻译为毗卢遮那佛，在《六十华严经》中翻译为卢舍那佛，密教兴起后，也称之为"大日如来"。法身佛的佛身清净到极致，本来是无色无形的，不能够显现出任何具体的形象，任何人包括菩萨在内都无法看到，但是为了方便修行者观想和礼拜，后来也塑成了有形象的佛身。最著名的法身佛形象就是洛阳龙门石窟的奉先寺大佛。

(2) 泛神论色彩浓厚。《华严经》里提到"天鼓讲法"、"山林鞠躬"等，将没有生命的"器世间"事物赋予生命，表现出了与印度佛经不一样的色彩。印度人讲的"有情众生"，主要是六道众生，并不包括"器世间"的事物。

(3) 突出普贤菩萨。《华严经》体系庞大，结构严谨，成功地宣传了普贤菩萨的殊胜地位，使他成为中国家喻户晓的五大菩萨之一，并在中国有了峨眉山这样一个大的道场。在《华严经》里，普贤菩萨被尊为诸佛的"长子"，被认为是与佛的法身同体，这种地位使得他得以成为释迦牟尼佛的右胁侍，和佛一起接受众生的供养。

(4) 华严哲学独树一帜。华严哲学"一"与"多"的关系将整个宇宙联为一个整体，看似不同的事物都是毗卢遮那佛的显现，看似不同的事物如果从毗卢遮那佛的角度看来，都是"一"，没有大小之分。《华严经》用"一毛孔观"这种夸张的说法来阐述这个道理，并用"月印万川"、"芥子纳须弥"的比喻来说明它。

(5) 否定传统意义上的出离道，强调不离生灭，永驻世间，"众生尽，我愿乃尽"。

(6) 强调要广泛深入社会，向各阶层的人学习。善财童子作为"普贤行"的榜样，参访了众多善知识，其中包括渔夫、医药师、苦行者、小孩等，透露了《华严经》作者的某些信息。

(7) 不歧视女性。善财童子参访的善知识中，至少有一半为女性，或前世曾为女性，并且作者对摩耶夫人评价非常高，这也与印度本土的传统大不一样。

(8) 强调菩萨要"孝事父母"、"利益父母宗亲"等孝道，与印度传统也不一致。

(二) 华严三圣

"华严三圣"指的是毗卢遮那佛(居中)、文殊菩萨(居左)、普贤菩萨

(居右)。

1．毗卢遮那佛

毗卢遮那佛，为法身佛，诸佛之佛，他是诸佛之真身，代表"法界体性智"，是"一切如来"，总持佛教一切法门，其他一切佛都是他的分身，表现他的一个方面。他就是《华严经》里所渲染的"莲花藏世界海"的教主。"毗卢遮那佛"就是"太阳"的意思，意为遍照一切，是宇宙之本源与主宰。

洛阳龙门奉先寺之"华严三圣"

2．普贤菩萨

毗卢遮那佛的右侧是普贤菩萨。普贤菩萨所表征的"践行"是一切佛教经论的落脚点，也是一切佛教修行体系的基石，所以普贤菩萨被称为"大行"。普贤菩萨所表征的"大行"，不是一般的"行"，而是"普贤行"。"普贤行"是为见到毗卢遮那如来，以进入性起法界为目标而大发菩提心，以普贤菩萨十大愿王为指导，以十信、十住、十行、十回向、十地为修行次第，广泛参访善知识，最终进入究竟的一真法界而又不离世间、广泛利益众生的殊胜法门。[①]普贤行尤其强调对善知识的参访。在著名的《入法界品》中，善财童子所参访的善知识以十人一组，由低到高，分别代表了十信、十住、十行、十回向、十地等境界。在善财童子参访的善知识序列中，观音菩萨的位置居中，正是处于"行门"。也就是说，观音菩萨之"行"属于"普贤行"的一个阶段、一个部分。观音菩萨之"行"，主要解决人生面临

---

① 王宏涛：《古代域外普贤信仰研究》，第五章第六节，西北大学 2011 年博士论文。

的具体苦难,具有随机性、临时性、表面性的特点;而普贤菩萨的"普贤行",则着眼于度众生入法界,跳出三界之外,带有系统性、必然性、根本性的特征。

普贤菩萨具有一定的神秘性。《华严经》中普贤菩萨的位阶高于观音、文殊、弥勒等一切菩萨,他与毗卢遮那佛同体,身量如虚空,遍在于万物,众生却看不到他,就连十地中的菩萨也看不到他,只有修行到十地以上菩萨的位阶时,才能够见到他。这就使得他具有了一层神秘的色彩。

普贤菩萨还具有亲切性。普贤菩萨虽然高高在上,具有神秘性,但同时也是一位与信众的感应性很强的大菩萨,如果他想让人看见,那也是很容易的。《法华经》中说,如果有信众诵持、书写《法华经》,普贤菩萨就会骑着六牙白象,亲自前往,给信众摸顶,让信众见到普贤大菩萨身,护佑信众。华严和密教经典中也强调,如有信众在普贤大菩萨前"发露"、"忏悔",也就是主动说出自己所犯的罪过,忏悔并发心修行,普贤菩萨就会现身"灭罪",除去信众的罪障,解救众生。普贤菩萨主动前往信众前面救度,这固然是普贤菩萨能够分身无数的体现,也是他平易近人特征的体现。

元代杭州飞来峰普贤像

普贤菩萨的神秘性与亲切性并不矛盾。神秘性是就修行而言的,修行时,主动方是行者,行者需通过修行而一步步地接近普贤菩萨;而亲切性是就度世而言的,是普贤菩萨的功德,这里普贤菩萨是主动方。

普贤菩萨还具有崇高性。他一出世就以"行"和"愿"著称,后来在《华严经》里又发展为著名的"十大愿王","众生尽,我愿乃尽"、"不度尽世间有情,誓不成佛",是普贤愿王的基本精神。这种已经具备条件成佛,却甘愿轮回世间救难的精神已经超越了早期大乘佛教所宣传的"自度度人"、"自觉觉他",

自度与度他相互促进的精神了。普贤菩萨是已经"自觉",已经"自度",他本不需要再去通过"度人"、"觉他"为自己积累成佛的资粮,但他仍然义无反顾地投入到了轮回中,救度六道中的一切有情。

毗卢遮那佛与普贤菩萨的关系尤其密切。毗卢遮那佛已经成佛,作为本体的"一",他是处于涅槃状态中的,他虽能化生一切、遍在一切,却不再以人等有情的形象出现在世间救难,而是稳坐于"莲花藏世界",只是坐而论道,教授法理。普贤菩萨却不一样,他虽然也代表的是"一","觉"与"行"也早已圆满,具备了成佛的资格与条件,但由于他誓愿广大,"虚空尽,我愿乃满",要度尽一切众生,所以他要显现在显化世间,救苦救难,带领大家进入"法界"。所谓毗卢遮那佛是果位的普贤菩萨,普贤菩萨是因位的毗卢遮那佛,这是有道理的。也就是说,虽然普贤菩萨和毗卢遮那佛是"同体的",但两者的任务和使命却不一样。

关于毗卢遮那佛与普贤菩萨的关系,杜继文先生曾总结说:"由此看来,普贤实等于表现出来的卢舍那佛,卢舍那佛所有的体性和功能,都体现在普贤菩萨身上。"[①]也就是说,普贤菩萨即为入世间之毗卢遮那佛,毗卢遮那佛则为出世间之普贤菩萨。因此,普贤"行愿"其实不仅是普贤菩萨的"行愿",也是毗卢遮那如来的本愿,只是毗卢遮那如来并不"行",而普贤菩萨则重在"行",故称"行愿";"普贤心"其实也就是毗卢遮那佛之"心","普贤性"其实也就是"如来性"。正因为如此,《如来性起》这一品才需要普贤大菩萨来宣讲。毗卢遮那佛与普贤菩萨之间的这种关系,可套用后来密教中的说法,毗卢遮那佛是"自性轮身",普贤菩萨则是其"正法轮身"。

在《华严经》中,教主毗卢遮那佛居于本体界,连话也不说,他只是通过"放光"给某位菩萨,让这位菩萨来代替他讲法。其中最重要的篇章与部分都是由普贤菩萨代表他宣讲的。毗卢遮那佛与普贤菩萨同体,但又不同。普贤菩萨是属于现象界(事法界)的,毗卢遮那佛是属于本体界(理法

走入华严富贵佛国

---

① 杜继文:《汉译佛教经典哲学(下)》,江苏人民出版社,2008 年 11 月,第 189 页。

界)的。毗卢遮那佛可以"不动"而从忉利天宫升入兜率天宫，或降入地面，这都是"理法界"（本体界）的特点。但"理"只有显示为"事"（本体只有通过现象才能显现自己）才能显示自己，故而毗卢遮那佛需要通过普贤菩萨来表现自己，众多的菩萨中，最能代表毗卢遮那佛的就是普贤菩萨。普贤菩萨是毗卢遮那佛在现象界（事法界）的化身和代表，故而《华严经》的《入法界品》中，善财童子参访了五十三位善知识，但只有见到了普贤菩萨才意味着进入了法界，成就法身，其修行才算圆满。

3. 文殊菩萨

毗卢遮那佛的左侧是文殊菩萨。文殊菩萨表征的就是佛教智慧，这是

元代杭州飞来峰文殊像

一种与凡间智慧不同的，教导信众认识到现象界局限性与偶然性，从而转向永恒性与必然性的甚深智慧。这种智慧要求人们认识到自己原来所追求的财色地位都是"空"的，甚至于连自己的肉身也属于缘散缘灭的现象界，是无法永恒也不值得执著的。

只有认识到了这一点，才能放下自己对财色地位的执著，获得内心的安宁与平静。放下对人生的执著以后，生活还要继续，佛陀还要告诉信众什么是正确的世界观和人生观，包括人的本质与命运、苦难与幸福的真谛、人生的价值和意义，生活的伦理与戒律等这些佛教理论都是由文殊来表征的。树立正确的认识，是佛教一切修行的开始，所以佛教界将代表智慧的文殊菩萨称为"诸佛之母"、"七佛之师"。文殊菩萨到了中国后，尽管名气稍逊于观音，但在佛教教义体系中的地位一直是在观音之上的。其道场五台山被尊为"金色世界"，也比峨眉山"银色世界"、普陀山"琉璃世界"、九华山"莲花世界"要尊贵些。在中国汉地，四大菩萨中，文殊菩萨的道场形成最早，唐代前期已经基本形成。《华

严经》里文殊菩萨地位特殊，表现在以下几个方面：

第一，《华严经》中的文殊菩萨是"普贤行"的导师之一。

无论是《六十华严经》还是《八十华严经》，其作为序论部分的几品中，都有一品名《如来名号品》，该品经讲的是《华严经》之第二会，十方菩萨云奔，而文殊菩萨为会主。这显示了在《华严经》中，文殊菩萨同样具有总摄整个"普贤行"的功能，是除了普贤菩萨外最显赫的大菩萨。

作为"普贤行"修行样板的善财童子就是文殊师利菩萨指导其去参访善知识的："善男子！若欲成就一切智智，应决定求真善知识。善男子！求善知识勿生疲懈，见善知识勿生厌足，于善知识所有教诲皆应随顺，于善知识善巧方便勿见过失。"①并且，五十三位善知识中，有好多位善知识在宿世修行时都曾得到过文殊菩萨的指导，计有自在主童子、婆须蜜多女、喜目观察众生主夜神、摩耶夫人四位。

第二，《华严经》中的文殊菩萨不仅指导"地前菩萨"的修行（即菩萨修行的初级阶段），也指导"入地菩萨"的修行（即修行的高级阶段）。可以说，"普贤行"虽是以"见到普贤菩萨、进入法界为究竟目的"的行法，然而在具体修行实践中却是文殊菩萨在做具体指导。

《华严经》中文殊菩萨表征的是"信门"。为什么让代表"大智"的文殊菩萨来表征"信门"？那是因为"信"与"智"两者之间有着紧密的联系，印顺法师就《华严经》中文殊菩萨的"信"与"智"的关系有过精彩的论述，他认为："信"是向上的，"智"是求真的；"信"是清净的，"智"是明了的；佛教的"信"与"智"是不离的。信离开了智，就陷于迷信，智离开了信，就会成为邪智，就会陷于诡辩、怀疑甚至偏激。②

《华严经》中文殊菩萨对"地前菩萨"的指导集中表现在《贤首品》所阐述的"信门"上，文中文殊菩萨借向"贤首菩萨"发问的形式，引出

---

① 《八十华严经》卷第六十二，《大正藏》第10册，第334页上。
② 宋立道：《〈华严经〉与普贤信仰》，《普贤与中国文化》，中华书局，2006年11月，第81页。

了《华严经》中颇为重要的"信门",并给予其高度的评价,称"信为道元功德母,长养一切诸善法"。

中国台湾地区的柯惠馨与娄静华两位先生认为,文殊在《华严经》中两次讲"信",所表达的含义是有区别的,前者是"劝信",后者为"证信",即已经深切体证、理解文殊的信门。

文殊菩萨也指导高级阶段的修行,经文借弥勒菩萨之口对善财童子说:"是故,善男子!汝应往诣文殊之所,莫生疲厌,文殊师利当为汝说一切功德。何以故?汝先所见诸善知识、闻菩萨行、入解脱门、满足大愿,皆是文殊威神之力,文殊师利于一切处咸得究竟。"①

《入法界品》中善财童子共参访五十三位善知识,除了最后三位"弥勒、文殊、普贤"是处于佛位以外,前面的五十位都是处于菩萨行阶段的、尚未达到"等觉"位的菩萨。这五十位善知识按照出场顺序,以"十"为单位,前十位善知识代表的是"十信",十一位到二十位代表的是"十住",二十一位到三十位代表的是"十行",三十一位到四十位代表的是"十回向",四十一位到五十位代表的是"十地"。

弥勒菩萨曾告诉善财:你先前所见到的善知识,听到的菩萨行,学会的解脱门,满足的大愿,都是"文殊威神之力",因为文殊师利"于一切处咸得究竟"。也就是说,虽然在"十住"、"十行"、"十回向"、"十地"等修行阶段,文殊菩萨并未亲自现身,但这些阶段也都是文殊菩萨所指导的行法,行者的修行必须得靠"文殊威神之力"。

(三)《华严经》里的典故

1. 善财童子五十三参

观音菩萨身边常有一男一女两个童子侍立,善财童子就是那个男童,女童是小龙女。《华严经》里,善财童子是实践普贤行的主角,所以有必要

① 《八十华严经》卷第七十九,《大正藏》第 10 册,第 439 页上。

对其稍作介绍。

印度东南部沿海的福城之中有一位首富，但是没有儿子，于是他向佛陀祈祷，希望佛陀保佑他得到一个儿子，佛陀答应了，不久，善财的母亲就怀孕生下了善财。据说善财童子出生时，五百宝器自然从地

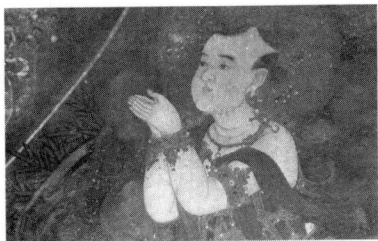
善财童子

下冒出，天上也下起了各种财物，婆罗门相师告诉他的父亲："恭喜长者！这婴儿的福德大，为你带来了财宝，应该取名善财。"这就是善财童子的来历。

善财童子虽然能够带来财富，但是他并不喜欢财富，也对发财致富没有兴趣，甚至连关于"发财"的故事都不想听。他喜欢什么呢？他喜欢追求真理，他常常收集财富供养追求真理的人。有一次，他在福城东的大庙里礼拜文殊菩萨时得到了文殊菩萨的点化，知道了大乘佛教菩萨行是最了义的真理，于是发心要修菩萨行，直到成就佛果。

但是他有了目标后，却不知道追求目标的具体方法。文殊菩萨告诉他，要成就佛果，就要以普贤菩萨为榜样，要发菩提心，修普贤行，造福人间，利乐有情，而最基本的方法就是参访善知识。善财童子对文殊菩萨说：世界人等形形色色，所问之人并不能保证德行都是无缺陷的。于是，文殊菩萨指示善财参访之道：向别人学习，是着眼于别人的优点而不是缺点，所以，只要对方的优点你还不具备，就应当参学。他并预言善财将被人们美称为永久的童子。善财欢喜地告别了文殊菩萨，开始了佛教少年游历参访的生涯。善财童子五十三参讲的就是《华严经》里善财童子参访五十三位善知识的故事。

善财童子不辞千辛万苦，爬高山，过大海，闯王宫，进魔窟，上刀山，下火海，参拜了五十三位善知识，这五十三位善知识中，有厨师、设计师、教书先生、航海家、商人、音乐家、医药师、比丘、居士、外道，有老人、小孩、男子、女子等，各行各业，各传授一法门。因此善财童子从思想、

走入华严富贵佛国

道德、技艺上具备了舍己为人的慈悲思想，后来便跟随观音菩萨，造福人间，利乐有情，成为了观音菩萨的胁侍，是观音菩萨"闻声救苦"的得力助手，所以其像塑在观音菩萨像的侧边。

2. 普贤菩萨十大行愿

(1) 礼敬诸佛：这是普贤行的开始，皈依诸佛，树立正信，是修大乘佛学的前提、基础和核心，这是内心修行。

(2) 称赞如来：树立正信之后，还要经常向周边的人宣扬如来的无上功德，吸引更多的人修普贤行，这是言语修行。

(3) 广修供养：修普贤行还要把口头的称赞转化为现实的行动，这就是要广修供养。如果身边有需要帮助的人，要给予帮助；如果手头宽裕，要向寺庙、僧人布施。

(4) 忏悔业障：凡是没有修到菩萨果位的众生都有可能犯错，对于自己的错误行为，应忏悔改过，不再犯错。

(5) 随喜功德："随喜"就是见到他人做善事，自己也心生欢喜。忏悔是对"人性恶"的反省，随喜是对"人性善"的培养，都非常重要。

(6) 请转法轮：即请求诸佛说法教化，这种请求并不是一时之念，而应该念念相续，没有穷尽。

(7) 请佛住世：是指在佛要进入涅槃时，请求佛不要进入涅槃，继续留在世间，饶益众生。

(8) 常随佛学：是指从初发心到最后证得佛果全过程的一切修行，强调不能中断，要把佛的教诲运用到自己的日常生活中去。

(9) 恒顺众生：是指看到有人需要帮助并且自己有能力帮助时，要以慈悲之心给予帮助。这正是大乘佛教救世精神的体现。

(10) 普皆回向："普皆回向"中的"普"指的是上面所说的九种功德，"皆"就是"都"，"普皆回向"就是说修普贤行的人要将自己前面修的各种功德无私地用于芸芸众生，使他们都常得安乐。

二、《华严经》的印度渊源

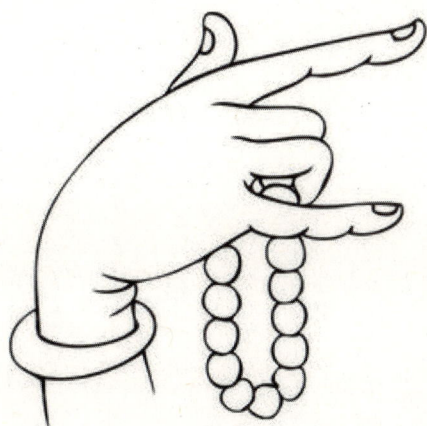

大乘佛教兴起以后，倡导一切皆空的"般若"思想兴盛一时。"般若"思想虽然论证庞大，但存在两个致命的缺陷：其一，倘若按照《金刚经》的说法，修成正果后的佛身也是个"空"，那么修行还有什么用？其二，倘若一切都是空，那么轮回的主体也是"空"，如此则是什么在轮回？轮回还有什么意义？

"般若"思想的这两个缺陷如果不修正，佛教将面临失去信众甚至修行者的危险。因此在大约三世纪时出现了"如来藏"思想。"如来藏"即西方哲学意义上的"本体"，它遍在于一切，当然也存在于包括人类在内的众生身上，即为"佛性"。"如来藏"作为修行的目的当然不是空的，故而讲佛"不空"的"涅槃"思想继而兴起，可视为"如来藏"思想的发展。涅槃学说肯定佛身有"常、乐、我、净"四大美德，肯定了佛身不空，这样就解决了第一个问题，即确立了佛教的修行目标"不空"的理论。《涅槃经》又提出了"一切众生皆有佛性"，也是"如来藏"思想的发展，这就从轮回的主体角度确认了个体修行的意义。因此，在介绍《华严经》之前，先了解一下"如来藏"思想的基本内容。

（一）"如来藏"思想

印度"如来藏"思想，最初与"佛舍利崇拜"、"佛塔崇拜"有关，而后又受到了印度教"梵我一如"思想的强烈影响。

1."如来藏"与佛舍利崇拜

关于"如来藏"思想的来源，日本学者多有论述。根据张文良先生的介绍，"如来藏"思想是从早期的"佛舍利崇拜"中形成的：

平川彰由此推测，《大般涅槃经》等大乘经典的出现，与参与佛塔的建造及运营管理的在家居士集团有直接关系，这样的集团也是大乘思想产生的社会基础。……在第一类中，佛被规定为"我"，而在佛塔信仰中，佛塔、佛舍利被认为等同于佛，所以又可以说佛舍利等于"我"；而在第二类中，佛性被规定为等于"我",而此佛性被明确规定为众生内在的"佛舍利、佛塔",众生皆有佛性,被规定为众生在自己的身体中具足佛舍利。可见,在《涅槃经》中,从佛身常住思想到如来藏思想的发展,是与佛舍利信仰由外在的舍利(佛塔舍利)信仰到内在的舍利(佛性)信仰的转变过程相一致的。[①]

显然,佛塔中所藏的正是佛的舍利子。在释迦牟尼佛涅槃后,据说毗荼所得八万四千块舍利子,后被分藏到各地所建的舍利塔里,这就是最早的"如来藏"。舍利子是佛的遗骨,当然是最能代表佛的东西,也就被认为是"如来","如来"藏在塔里不再现身,就是"如来藏"。后来如来"法身"思想兴起,认为自己的心中也有佛的"舍利",即佛性,只是藏身于无明之中,被无明所覆盖,没有显现而已。

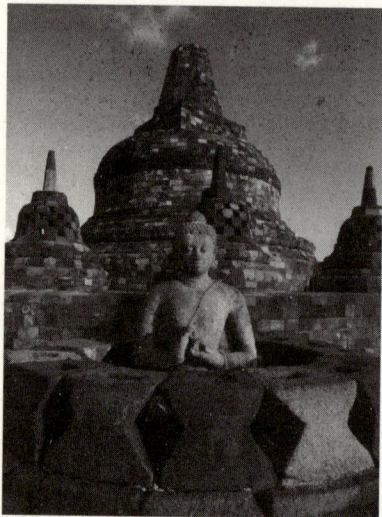
早期的"如来藏"

2.印度教对"如来藏"的影响

根据欧东明先生的研究,新的印度教的产生从公元前后就开始了,其标志是主神崇拜,将婆罗门时期形形色色的神都用一个主神统一了起来。这种思想在《奥义书》里就有,但到了公元前后,才以梵天崇拜这一新的信仰形式出现。[②]印度教的主神崇拜这种新的宗教理论必然会在佛教中有所反应,并以信仰的形式表现出来,这就是上述"如来藏"思想的形成与发展。

印顺法师也认为"公元三世纪以下,正是印度梵文学复兴的时代,印度大乘佛教也就适应这一思潮而说'如来

---

① 张文良:《佛塔崇拜与大乘佛教的起源——以下田正弘的学说为中心》,《南昌航空大学学报》,2009年第3期。

② 欧东明:《佛地梵天》,四川人民出版社,2002年4月,第40页。

之藏'"①，因此，要想深入理解"如来藏"思想，必须先了解一下后期婆罗门教"梵我一如"的思想。印度人认为"梵"作为世界的最高实在，是一切事物的主宰；认为"梵"在本体的意义上既不具有任何属性，也不表现任何形式，既超越于人类的人类感觉经验，又不能用逻辑概念或语言来表达。他们把这个"梵"和作为人的主体的阿特曼（灵魂，我）结合和等同了起来，从而建立了"梵我一如"的原理。其意为：作为外在的、宇宙的终极原因的"梵"和作为内在的、人的本质即灵魂在本性上是同一的，亦就是说"大宇宙"和"小宇宙"是统一的。因此，人想要解脱，归根结底应该从"梵"那里去证悟。但是由于人的无明（无知），人对尘世生活的眷恋，受到业报规律的束缚，因而把"梵"和"我"看做了两种不同的东西，如果能够摈弃社会生活，抑制五情六欲，实行"法"（达摩）的规定，那么他就可以直观灵魂的睿智本性，亲证"梵我一如"，从而获得宗教上的解脱。②

可见，印度人所说的"梵"，用现在的哲学术语讲就是"本体"，所谓的"梵我一如"其实就是讲"人我"乃是本体"梵"的显现。作为本体的"梵"以神的形式出现就是大神"梵天"。

《百道梵书》称梵天为"世界之主"，在世界形成之际，他创造诸神，护持天、地、空三界。"梵天"作为"唯一神"，不仅其他的神灵都是他的化身，而且一切现象界的事物，不管是"有情界"还是"器世间"都是他的显现。正是因为宇宙间所有的事物都是他的显现，所以他也就等于"藏"在了每个人的心里。

大梵天

---

① 印顺：《如来藏之研究》，《印顺法师佛学著作全集》第十八卷，中华书局，2009 年 8 月，第 2 页。
② 黄心川：《世界十大宗教》，东方出版社，1988 年 9 月，第 69～70 页。

《华严经》的印度渊源

应该说，这种逻辑正是"如来藏"思想的原型，即"梵天藏"。事实上，"梵天藏"也可能被称为"如来藏"，只是涵义和佛教有别而已："作为世尊德号的'如来'，并非佛教特有的术语，而是世俗语言，佛教成立以前印度文化中的固有名词。……如来，在佛教中是佛的别名，解说为'从如中来'，就是'悟入真如而成佛'（乘如实道来）。"①

"如来"是"从如中来"的意思，"如"即"真如"，也就是现在说的"本体"，而"梵天"也是本体，所以"梵天"也可以称为"如来"，"梵天藏"也可以称为"如来藏"。所以，佛教只需在涵义上将"梵天"换成"佛"，将"梵天藏"换成"佛藏"，而在名义上都是"如来藏"，这个转变并不复杂，而且顺理成章。

正因为我们每个人都是"如"的显现，所以也可以说，我们每个人都是"如来"。这个结论恰好和"如来藏"系经典的结论相一致，即认为"涅槃不灭，人人皆有佛性"。根据印顺法师的研究，"如来藏"思想在印度佛教界崛起大约从公元三世纪开始，直到公元七世纪都还有新的相关经论传入中国。印顺法师认为"龙树的大乘论中，还没有明确地说到如来藏与佛性"，因此，"如来藏"思想是他所谓的"后期大乘"的主流。②

"如来藏"简单地说就是"佛性"。"如来藏"思想被印顺大师称为"后期大乘"，当然这是相对于早期的"般若"思想而言的。

（二）"如来藏"与"法身"、"法界"的结合

"如来藏"思想后来和"法身"、"法界"合一了，所以我们要想如实地寻找"如来藏"的发展脉络，还要追溯"法身"一词的来龙去脉。

---

① 印顺：《如来藏之研究》，《印顺法师佛学著作全集》第十八卷，中华书局，2009 年 8 月，第 12 页。

② 印顺：《如来藏之研究》，《印顺法师佛学著作全集》第十八卷，中华书局，2009 年 8 月，第 120 页。

1. "法身"含义的演变

"法身"一词最早指的是佛所说的"法"。《长阿含经》中，将"法身"和"法意"、"法眼"、"法慧"并列，作为佛所讲的"法"的四个不同的方面来看待；《增一阿含经》则提出"五分法身"，即"戒身、定身、慧身、解脱身、解脱知见身"。可见，不管是"戒"、"定"还是"慧"，所指的都是广义的"法"。后来"法身"一词则从佛所说的、外于己身的"法"演变为自己通过"学法"、"修法"而获得的、存在于自己身内的"法身"，带有"佛法成就自己之身"的含义。再到后来，这种本是后天修学所成就之身就进一步发展为自己天性就有的清净身。

如来藏法身遍在于一切

日本人下田正弘对此有过总结：

《涅槃经》的主旨在于说明佛陀超越肉身存在的永远性，故《涅槃经》整体上存在由实存的佛陀崇拜到作为佛法体现者的佛陀崇拜的转变。如"如来性品"中提到三皈依就是皈依自身的"如来藏"、"佛性"，最后提到礼拜"佛塔"不如礼拜"自己内在的佛性"等，"佛塔"与"佛性"并举，而且佛性在价值上似乎还高于佛塔。[①]

下田正弦关于佛教经历了"实存的佛陀崇拜"到"作为佛法体现者的佛陀崇拜"的论断是正确的，"如来藏"一类经典确实重在说明"佛陀超越肉身存在"的新观点。

---

① 张文良：《佛塔崇拜与大乘佛教的起源——以下田正弘的学说为中心》，《南昌航空大学学报》，2009 年第 3 期。

《增一阿含经》中也广有论述："我释迦文佛寿命极长，所以然者，肉身虽取灭度，法身存在，此是其义，当念奉行。"① 《大方便佛报恩经》则说得更加清楚："'为归色身，归依法身耶？'答曰：'归依法身，不归色身，不以色为佛故。'"② 总结经文的相关论述，"法身"的第一个特点就是非物质性。

第二个特点是"法身"是"一"，而能遍在于一切。"三世诸佛"为同一法身，这一"法身"遍在于众生身中，"僧者说如来，如来即是僧"，只是随众生的因缘不同而显现。

第三个特点是"法身"的"一"是静止的，而不是运动的："如来常及恒，第一不变易，清净极寂静，正觉妙法身。"

第四个特点是"法身"和"智慧"相连接："令无量众生安立菩提(智慧之意)故，生无上法身。"

综上所述，法身具有无相、绝对、静止、智慧四个特征，这些都是西方哲学意义上的"本体"范畴的特征，这也正是如来藏的特征。

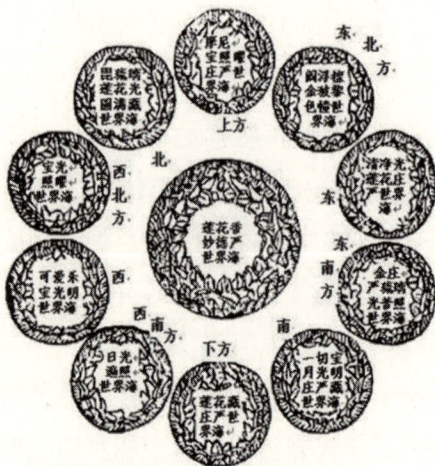

莲花藏世界海

2. "法界"含义的演变

到了后来，"法身"一词的应用范围越来越大，逐渐就和另外一个相关的概念联系了起来，那就是"法界"。"法界"一词出现的也很早。例如，《阿含经》里提到：

世尊答曰："阿难，若有比丘见十八界知如真，眼界、色界、眼识界、耳界、声界、耳识界、鼻界、香界、鼻识界、舌界、味界、舌识界、身界、

---

① 《增一阿含经》卷第四十四，《大正藏》第 2 册，第 787 页中。
② 《大方便佛报恩经》卷第六，《大正藏》第 3 册，第 157 页上。

触界、身识界、意界、法界、意识界。阿难，见此十八界知如真。"①
可以看出，这里的"法界"和"意界"、"意识界"并列，属于"意识"的分别对象，主要指的是广义的"思维的对象"。后来，佛典也将广义的"法界"用来专指佛教领域的义理。如："黑齿，舍利子比丘深达法界故"②，这里的"法界"指的是"善别法性"，知"彼佛有如是戒，有如是法，有如是慧，有如是解，有如是住"，知"如是性"；《中阿含经》里，"深达法界"的意思也是深入理解佛经的义理。故可知，在《阿含经》里，"法界"一词主要指的是佛教经典里提到的各种概念的含义区别及义理。

然而，到了《杂阿含经》阶段，"法界"一词就逐渐转变为一个能够表示"实体"的概念："若如来出世，若如来不出，此法界恒住如故，而不朽败。"③ 不管如来出世还是未出世，法都在法界里，可见，"法界"一词经历了由"思维的对象"到"佛理"再到"实体"的演化过程。

综上所述，"如来藏"最早是和大乘佛教的"佛身"思想以及涅槃学说联系在一起的。"如来藏"思想的产生除了与"舍利崇拜"相关以外，也和佛教的"涅槃学说"紧密相关。单纯的"舍利崇拜"还不足以产生"如来藏"思想，因为"舍利崇拜"崇拜的是物质实体，而"如来藏"崇拜的则是内心的精神性的"佛性"，前者无法解释崇拜的对象是怎么由"物质的"转变为"精神的"的问题。

印度教在公元一世纪兴起后，"梵我一如"的逻辑思路深刻地影响了佛教，"如来藏"也就由物质性的佛塔舍利崇拜转为精神性的"法身"崇拜。僧侣信众开始强调"法身"强于"肉身"，并提出了一个超现实的"法界"的存在，不管佛出世还是不出世，"法界"都在，它是恒定的，不变的，也是修行的最终目标。这样，成佛的过程也就变成了"入法界"的过程。因为如来的"法身"遍在于一切，故凡俗众生都有佛性，也即都有"如

---

① 《中阿含经》卷第四十七，《大正藏》第 1 册，第 732 页中。
② 《中阿含经》卷第五，《大正藏》第 1 册，第 452 页中。
③ 《增一阿含经》卷第二十六，《大正藏》第 2 册，第 697 页上。

来法身"藏在自己心里，即"如来藏"，也就是我们所说的佛性。

"如来藏"思想的产生是对当时流行的"法身"之说的一个总结。关于两者的关系，印顺大师曾有论述：

> 而如来藏的原始说，是真我。众生身心相续中的如来藏我，是"法身遍在，涅槃常住"的信仰，通过法法平等、法法涉入的初期大乘经说而引发出来，在初期大乘的开展中，从多方面露出这一思想的端倪。[①]

这里的"法身"实际上就是"如来藏身"，也就是"佛性"，即成佛的根据。"如来藏"之说，对于佛教的意义怎么评价都不过分，因为它能将成佛的根据通过"如来藏"之"遍在性"建立在"有情"自己身上。这样，成佛就不必然是在遥远的彼岸，也不再是只需要必然靠佛菩萨的救护，佛教有了一条新的路子，在自己身上下工夫就行了，那就是修自己体内的"心"，因为这个"心"内有"法身"、有"佛性"、有"如来藏"。我们的肉身虽然各不相同，但我们每个人心中的"如来藏"是相同的。普贤菩萨表征的是"如来藏"，可以分身无数，遍在于每个有情，同时又统而为一，分合而得自在。这正是"如来藏"法身说的生动体现。

这样，"如来藏"作为佛性把凡俗之身与"法界"相连，只要信众能把自己心中所藏的佛性开发出来，就可以进入法界，成就佛身。按照这个思路，诸多经典都提出了开发"如来藏"清净佛性的具体办法，这些经典就被称为"如来藏"系经典。相对于强调"智慧"的般若类经典而言，如来藏系经典在注重智慧的同时，更加突出"修行"的重要性和实践性。

"如来藏"系的代表性经典有《大方等如来藏经》、《大般涅槃经》、《胜鬘经》、《不增不减经》、《华严经》等。其中《华严经》是论证最精密、影响最大的一部佛经，由于其与中国传统的儒家心性思想相一致而深受中国信众的爱戴，后来围绕这部经典，形成了地论学派与华严宗，并对后来的

---

① 印顺：《如来藏之研究》，《印顺法师佛学著作全集》第十八卷，中华书局，2009年8月，第1页。

宋明理学产生了深刻的影响。

（三）《华严经》与"如来藏"

《华严经》是最具代表性的如来藏系经典。其理由是《华严经》里的教主毗卢遮那佛与其代表普贤菩萨表征的就是"如来藏"，正是基于此，我们常说毗卢遮那佛与普贤菩萨是"同体"的。

1. 普贤菩萨与"如来藏"的关系

早在般若经中，普贤菩萨就明确地与"如来藏"思想联系了起来："一切有情皆如来藏，普贤菩萨自体遍故。"[①] 关于这一点，黄夏年先生曾有专文讨论，他引用了窥基大师的解释：

可见，窥基明确指出了这一点，由于普贤自体遍的特点，也就具有了能证一切有情有如来藏的功能。[②]

窥基将如来藏看作"真如在缠"，认为如来藏有"诸佛所有一切功德"，众生只因善与不善的原因，显善出缠之时就得佛的法身，隐善未起之时仍

普贤菩萨即表征如来藏

为烦恼身，所以重要的是要得善与去除不善，他引用《胜鬘经》关于普贤的说法，就是要说明善或贤善是遍在于一切有情之中，推而广之，善存在于过去、现在、未来三世之中，众生都具有贤善的如来性或如来藏，这是"体"，由"体"而出缠，这是"用"，菩萨是"废用显体"的，他能够在一切法中，开发贤善的理用，并将此贤善用在一切法中，调顺一切活动为

---

① 《大般若波罗蜜多经》卷第五百七十八，《大正藏》第 7 册，第 990 页中。
② 黄夏年：《印度佛教普贤菩萨信仰初探——兼谈普贤菩萨与如来藏的关系》，《普贤与中国文化》，第 105 页。

贤善，又能证得贤善的如来藏自体，这就做到了普贤的最高境界。[①]

普贤菩萨能证一切有情都具有"如来藏"，实际上是取得了代表如来藏的资格。如来藏之说，其基本精神和般若经是不同的，正如黄夏年先生所说，普贤具有如来藏的"自体遍在"的特点，无疑是在显性，而不是破相，所以它与空宗遮诠遣荡破执的特点是不同的。[②]

2. 毗卢遮那佛与"如来藏"的关系

《华严经》中毗卢遮那佛代表什么含义呢？毗卢遮那佛的最大特点，在于其作为"一"能与"多"互摄，身为"小"却能与"大"互摄。"微尘"是比"毛孔"更小的单位，而佛身都能"遍入"，这是因为"毛孔内"有"光明"充满。光明从何而来？就是说，毗卢遮那佛和普贤菩萨一样，实际上表征的就是西方哲学所说的"本体"。如："佛住真如法界藏，无相无形离诸垢"讲的是本体的纯粹性；"佛身无去亦无来，所有国土皆明现"讲的是本体的静止性；"佛身普遍诸大会，充满法界无穷尽"讲的是本体的遍在性；"佛不思议离分别，了相十方无所有"讲的是本体的绝对性；"佛身清净常寂灭，光明照耀遍世间，无相无行无影像"讲的是本体的"形而上"的特点，这就是说，"毗卢遮那佛"所表征的就是"真如"法界，而佛教中所说的"真如"其实就是所谓的"本体"。

"本体"当然是无所不包的。世界的一切现象，都是本体的显现："如来色相无有穷，变化周流一切刹"，"佛身如空不可尽，无相无碍遍十方，所有应现皆如化"，"佛身周遍等法界，普应众生悉现前"，"十方所有诸国土，悉在其中而说法，佛身无去亦无来"。[③]

就连世间的一切"音声"，也都是毗卢遮那佛(本体)的显现："应知如来

---

① 黄夏年：《印度佛教普贤菩萨信仰初探——兼谈普贤菩萨与如来藏的关系》，《普贤与中国文化》，第 106～107 页。

② 黄夏年：《印度佛教普贤菩萨信仰初探——兼谈普贤菩萨与如来藏的关系》，《普贤与中国文化》，第 108 页。

③ 《八十华严经》卷第二，《大正藏》第 10 册。

音声无邪曲，法界所生故；应知如来音声无断绝，普入法界故"，"佛音声量等虚空，一切音声悉在中"，"如来声震十方国，一切言音悉圆满"，"佛以圆满音，阐明真实理，随其解差别，现无尽法门，一切刹土中，见佛坐道场"。可见，佛的"圆满音"是"一"，随众生根器差别及缘而呈现出种种差别。

一切"化身佛"、"报身佛"也都是"本体"（毗卢遮那佛）的表现："于一佛身上，化为无量佛，雷音遍众刹，演法深入海。"①

从以上对毗卢遮那佛的相关分析中可以看到，毗卢遮那佛所表征的含义与普贤菩萨所表征的含义相同；毗卢遮那佛所显现的神通也和普贤菩萨所显现的神通完全一致，都是重在表述作为本体的"一"与作为现象的"多"之间的关系。

3. "如来藏"的实质——"光网法界"

毗卢遮那佛的法门的关键是进入所谓的"因陀罗网法界"。

修行如是寂灭之法，得佛十力，入因陀罗网法界。②

该文讲菩萨十行圆满后就可以"得佛十力"，进入"因陀罗网法界"。"因陀罗网法界"也即"方网三昧"所进入之法界："有胜三昧名方网，菩萨住此广开示，一切方中普现身。"③

入此禅定，则可获得种种变化身，可以任意在东方、西方、南方、北方随意出入；可以在眼根、鼻根、身根、舌根等诸根间随意转换；可以在童子、壮年、老年间随意转化；可以在男身、女身间随意转变；可以在辟支佛身、如来身之间转换。不仅打破了时间的界限，也打破了空间的界限；不仅打破了身份的界限，也打破了性别的界限；不仅打破了出家与不出家的界限，也打破了圣人和凡人之间的界限，真可谓"事事无碍"。连佛身都

---

① 《八十华严经》卷第六，《大正藏》第10册，第30页上。
② 《八十华严经》卷第二十，《大正藏》第10册，第108页上。
③ 《八十华严经》卷第十五，《大正藏》第10册，第80页中。

是"光网"组成。

　　汝应观佛身，光网极清净，现形等一切，遍满于十方。[1]

这里，经文介绍，佛身本来就是由清净的"光网"构成的。所谓的"一切如来"，其实就是毗卢遮那佛，每一个如来都是毗卢遮那如来，毗卢遮那如来就像"光网"一样，"遍满于十方"。这个"方网三昧"其实就是华严经里非常有名的"海印三昧"："如是一切皆能现，'海印三昧'威神力。"[2]

海印三昧

　　如此殊胜的"海印三昧"如何才能获得呢？《贤首品》中即有相关阐述：

　　以法威力现世间，则获十地十自在，修行诸度胜解脱；若得十地十自在，修行诸度胜解脱，则获灌顶大神通，住于最胜诸三昧；若获灌顶大神通，住于最胜诸三昧，则于十方诸佛所，应受灌顶而升位，则蒙十方一切佛，手以甘露灌其顶；若蒙十方一切佛，手以甘露灌其顶，则身充遍如虚空，安住不动满十方，则彼所行无与等，诸天世人莫能知，菩萨勤修大悲行。[3]

此一段论述恰好就在上述"海印三昧"的经文前，讲的正是获得"海印三昧"的条件：必须获得菩萨十地自在，获得诸佛的灌顶。最后落脚到"大悲行"，其实就是"普贤行"。可见，《华严经》所介绍的最殊胜的三昧神通"海印三昧"，也是通过"普贤行"才能够获得的。

---

[1] 《八十华严经》卷第十一，《大正藏》第 10 册，第 54 页下。
[2] 《八十华严经》卷第十四，《大正藏》第 10 册，第 72 页上。
[3] 《八十华严经》卷第十四，《大正藏》第 10 册，第 72 页上。

三、华严系经典的输入与流传

关于《华严经》的缘起，教界传说是释迦牟尼佛得道后所讲的第一部经，因觉得当时的小乘信众不能受持，于是将之藏在龙宫，由大德龙树将之从龙宫取回。但实际上，《华严经》部头很大，并不是一次性形成的，它先是通过单行经的方式编写出来，再逐渐按照一定的原则和次第整理成大本的。

（一）华严系经典的输入

《华严经》的输入分为单行经的输入与大本《华严经》的输入两个过程。

1. 华严系单行经的逐次输入

传入中土的第一本华严系佛经为《兜沙经》，为东汉支娄迦谶所译。支娄迦谶简称支谶，来自印度贵霜帝国，大约于汉桓帝末年来到东汉的首都洛阳。据魏道儒先生的研究，此经严格以"十"为单位组织经文，论述教义和表达思想，这正是华严类经典的主要特点，主要讲佛的伟大和佛土的庄严，并且突出文殊菩萨的地位，属于华严类典籍中的文殊类经典。[①]这一部分内容相当于后来大本《华严经》的序品部分。

三国时代，支谦翻译出了中土第二本华严类经典《佛说菩萨本业经》（简称《本业经》）。支谦本是月支人，其父亲支法度于汉灵帝时率领部众归附东汉。其第一部分和《兜沙经》基本相同，主要讲佛的伟大和佛土的庄严；第二部分相当于《华严经》中《净行品》的内容，主要讲在我们日常所行中，如何清净我们的身、口、意三业；第三部分相

兜沙经

---

① 魏道儒：《中国华严宗通史》，凤凰出版社，2001年5月，第4页。

当于《华严经》中《十住品》的内容，主要讲华严菩萨的十种住处，等级不同，循序渐进，逐次增高。

据魏道儒教授的研究，《本业经》中明确指出："佛之本业：十地、十智、十行、十投、十藏、十愿、十明、十定、十现、十印，断我瑕疵，及诸疑妄。"文中提到的名目，好多成为《华严经》中的品名，可见，《本业经》实际上是后来大本《华严经》的提纲。①

西晋时期，出现了我国第一次佛经翻译的高峰，敦煌菩萨竺法护，在长安、洛阳翻译出了多部华严类经典。按照其凸显菩萨的不同，大致可分为文殊类经典与普贤类经典。文殊类经典主要包括《十地品》和《十住品》的内容，主要讲的是行法。普贤类经典主要包括《如来兴显经》、《度世品经》六卷和《等目菩萨所问三昧经》。《如来兴显经》相当于《华严经》的《性起品》与《十忍品》；《度世品经》六卷相当于《华严经》的《离世间品》，主要讲所谓"普慧云兴二百问，普贤瓶泄两千酬"，由普贤菩萨讲述修行完成后所得的种种成道的不可思议之道；《等目菩萨所问三昧经》相当于《华严经》的《十定品》，描述华严菩萨的十种禅定神通。法护还翻译出了《渐备一切智德经》五卷，相当于《华严经》的《十地品》，是《华严经》的核心部分，后来围绕此《十地品》的解释形成了地论宗派，再发展为华严宗。

2. 大本《华严经》的形成

这些最初的单行经，大约在公元四世纪时，被逐渐整合起来，形成了大本《华严经》。公元四世纪末，庐山慧远大师派其弟子支法领到西域求经，在于阗国取回了后来所说的《六十华严经》，但当时无人能将之翻为汉文，直到公元410年佛驮跋陀罗由于受到鸠摩罗什僧团的排挤，来到庐山，《华严经》的翻译才找到了合适的人选。佛驮跋陀罗汉名觉贤，比鸠摩罗什稍晚些进入中国（公元五世纪初姚秦时）。他的师承非常好，法脉很正，到了

---

① 魏道儒：《中国华严宗通史》，凤凰出版社，2001年5月，第5页。

长安后很是看不起鸠摩罗什所传之法，遂与罗什及其门下发生了激烈的冲突。由于罗什深得皇室的支持，又在长安待的时间长，门下弟子很多，佛驮跋陀罗及其弟子被赶出了长安城。他先是带着弟子到江西庐山去投奔慧远，在那里待了一段时间，后来东晋大将刘裕将他请到首都南京，支持他在南京翻译佛经。他翻译的代表作就是《六十华严经》(简称《六十华严》)，后被称为晋译《华严经》(简称"晋经")，一共六十卷。晋译《华严经》以文句优美著称于世，现代大家方东美先生曾这样评价：

八十卷华严虽然量是比较多，但是假使要就文字的标准来衡量，我情愿读晋经，因为晋经的文字相当优美典雅，而八十卷的华严，虽然文字结构比较复杂，比较精确些，但是多多少少在翻译中还是保留了一点梵文里面的外国文味道，所以从中文或者至少从纯文学的观点去阅读时，便会觉得并不顶顺。

佛驮跋陀罗于420年在南京道场寺译出《华严经》，并有当时的名士谢灵运润笔。

关于晋译《华严经》的翻译情况，觉深法师曾有总结：

(1) 晋译《华严经》的译出地点是扬州司空寺。

(2) 晋译《华严经》的始译时间是义熙十四年(418年)三月十日，译讫时间是元熙二年(420年)六月十日。

(3) 晋译《华严经》在大宋永初二年(421年)校对完毕。

(4) 晋译《华严经》由佛陀跋陀罗译，法业笔受。

(5) 在译晋译《华严经》时有二位檀越，即吴郡内史孟顗、右卫将军褚叔度。[①]

晋译《华严经》也称《六十华严经》，是说这本华严经有六十会。所谓的"会"，就是佛陀讲经时的集会。因为经文一般都很长，佛陀如果一次讲得太多，大家接受不了，就隔一段时间讲一部分，每次讲经的地点也不尽

---

① 觉深：《晋译〈华严经〉的翻译流传》，《法源》，2003年总第21期。

相同，所以每讲一次华严经，就构成一"会"。《六十华严经》就是说这本华严经一共讲了六十次。

武周时期，武则天信奉佛教，其本人有较高的佛教造诣，她知道晋译《华严经》并不完备，听闻于阗国有完本《华严经》，就诏令于阗国送善本以及高僧一人，实叉难陀遂被送到了东都洛阳。武则天圣证元年，即公元695年，实叉难陀于洛阳大遍空寺开始翻译《华严经》，武则天亲自到场为之作序，声震一时的留学印度归来的高僧义净、因献证明女皇可以统治天下的《大云经》而深受女皇喜爱的印度高僧菩提流志、华严宗的实际创始人法藏大师，以及玄奘大师的弟子圆测法师都参与了翻译，可以说，汇集了当时最高水平的大师。《八十华严经》（简称《八十华严》，也称唐译《华严经》）翻出后还专门请当时著名的文学家王维润色，是华严经最完备的一个译本。这

武则天与《八十华严经》渊源深

也是现今社会上通用的版本。《八十华严经》的翻译，主要是由于阗（今新疆和田地区）三藏实叉难陀译出的。

唐德宗时期，印度小国乌荼国国王手抄新本《华严经》一份，派人进献唐廷，唐德宗大喜，认为这是外国来朝的很有面子的事情，就于贞元年间请罽宾国三藏般若大师主持翻译出来，《四十华严经》其实就是大本《华严经》里的《入法界品》。《入法界品》主要讲的就是善财童子五十三参的故事。但是，它多出了一个至关重要的《普贤行愿品》，这是前面两个版本所没有的，也是本经对后来影响最大的一品，因为前面诸品虽然反复强调普贤行的重要，也讲了善财童子五十三参的故事，但是，对于广大没有阅读经典能力的信众来说，有没有一个切实可行的、可以具体操作的步骤与方法去践行普贤行，这才是最重要的。《普贤行愿品》里介绍了修普贤行的

具体做法，被称做普贤十大行愿：一、礼敬诸佛；二、称赞如来；三、广修供养；四、忏悔业障；五、随喜功德；六、请转法轮；七、请佛住世；八、常随佛学；九、恒顺众生；十、普皆回向。"普贤十大行愿"现在仍然是中国寺庙里僧人们的必备功课。

由于《六十华严经》和《八十华严经》的梵本都来自新疆于阗国，而《四十华严经》的梵本来自印度，又考虑到《华严经》具有泛神论倾向，以及到目前为止还找不到其在印度本土传播的明显事实，故笔者推断《华严经》的实际出产地可能是新疆于阗国，只有《入法界品》和《普贤行愿品》产自印度。

（二）《华严经》的形成地点

大本《华严经》的形成时间，按照魏道儒先生的考证，当在公元 300 年左右，在此之前，它是以一系列先后出现的单行经的形式出现的："六十华严的编成应当在支法领去于阗之前的数十年，可以大致定在公元 300 年左右。它是在以普贤类经典统摄文殊类经典的基础上，汇集在古印度各地形成的相关单行经，并进行了系统化整理和改造之后形成的。"[①]

对于《华严经》产生的时间问题，魏道儒先生的这一说法并没有太大争议，倒是关于《华严经》产生的地点，至今仍然没有定论。

1. 诸家之说法

关于《华严经》的形成地点，吕澂先生认为，《华严经》首先流传于印度南方："在印度，华严一类经典是当公元第二世纪中顷先流行于南方的，这只要看经文的重要部分《入法界品》以福城作根据地，并提到当地的大塔，便可了然。"[②]

然而，大多数学者的观点都推定是在新疆的和田地区编纂而成的，但

① 魏道儒：《中国华严宗通史》，凤凰出版社，2001 年 5 月，第 46 页。
② 吕澂：《中国佛教源流略讲》，中华书局，1979 年，第 367 页。

也仅仅都是推定，没有直接的证明。如杜继文先生认为：

> 《六十华严》的原本为"胡文"，系支法领得自于阗；八十卷本是实叉难陀自于阗携至长安所译；至今除《入法界品》和《十地品》之外，尚未发现《华严经》的任何梵文本。由此现象推断，《华严经》当是 2—7 世纪流传在西域，最后在于阗编纂成集的，而且不止一个定本。[①]

任继愈主编的《中国佛教史》也认为《华严经》"可能在于阗编纂成集"[②]。

日本人高崎直道也认为，《华严经》"有一部分可能是在于阗制作的"：

> 推定《华严经》成立于西北印度的根据是：经中"四十二字文"中有 Ysa (酸、阇、也娑、夷娑) 字母，但这个字母并不是印度固有的梵语字母，而被认为是起源于中亚于阗的音，于西元一世纪末传到西北印度。根据这点，也可以推定《华严经》有一部分可能是在于阗制作的。这种情形，无疑的是统一的贵霜王朝所促成的。从《华严经》最早的译者月支国的支娄迦谶，以及其后的支谦，和将《六十华严》带入中国的支法领的名字来看，可以知道他们都是月支国系统的人，由此也可以推断《华严经》曾广布于中亚。又，竺法护也是月支国人；《八十华严》的译者实叉难陀也是于阗人。[③]

宋立道先生认为虽然《华严经》中的信息表明自己出自南印度，"但其实已经汇集了大量西北印度的宗教文化观念，其中对于从吠陀圣典以来的印度诸神特别有转化与摄入"。他首先阐述了高崎直道的观点，然后又补充了两个理由：

第一，有关菩萨的阶位说、十住说或者十地说，多半与佛传《大事》(属于大众部说出世部) 的十地说相关，说出世部的根据地被推定是在北印度、摩偷罗 (马土腊) 地方，北地与说出世部和《华严经》都有纠葛。

第二，从旧的十地说看，其中吸取了《般若经》所说的四位——发心、

---

① 杜继文：《汉译佛教经典哲学(下)》，江苏人民出版社，2008 年 11 月，第 155 页。
② 任继愈：《中国佛教史》第三卷，中国社会科学出版社，1988 年，第 196~197 页。
③ 高崎直道著，李世杰译：《华严思想的展开》，《世界佛学名著译丛》，华宇出版社，佛历 2530 年 6 月，第 8 页。

行道、不退转、一生补处，换一句话，十地是从四位扩展开来的，《华严经》特有的十般若蜜也是从《般若经》的六般若蜜扩展开来的。[①]

魏道儒先生认为，至少《入法界品》出自"东方界"人士之手：

在叙述善财童子依次寻访十二位善知识时，《罗摩伽经》有时说西行，有时说南行，有时不说具体方向，但《入法界品》一概说是南行。《罗摩伽经》所说的方向不是象征性的，透露出《入法界品》产生的真实历史情况。善财是来自东方的求法者，必须向西，向南行走才能到达印度，这正是西域地区的人去印度的方向。与其说《入法界品》产生于南印度或最早流传于南印度，不如说它出自印度以外的"东方界"人士之手。[②]

魏先生虽然没有明确指明《华严经》编纂于于阗，但他肯定《入法界品》出于西域。

日本人镰田茂雄也认为《华严经》是在于阗编成的："《华严经》之二种梵本皆在于阗被发现，此或显示着《华严经》系于于阗编纂之可能性颇大，且如前述有关于阗之传说，所谓毗卢遮那罗汉，恰与《华严经》之教主同名。"[③]镰田茂雄认为，《华严经》所尊崇的"毗卢遮那佛"，可能与于阗原来就有的"毗卢遮那罗汉"崇拜有关。

不过，这些证据也只能证明某些章节是在于阗写成的，并不能完全证明《华严经》就是在于阗编成的。

2. 笔者之观点

笔者认同《华严经》在于阗编纂而成的说法，但是，这并不是说《华严经》里所有的章节都是在于阗写成的，而是说，可能在于阗有一个收集、整理华严类经典的佛教团体，长期地从事着这个工作。理由如下：

第一，《华严经》在印度流传有限。华严经在印度的影响主要是《十地

---

① 宋立道：《〈华严经〉与普贤信仰》，《普贤与中国文化》，中华书局，2006年11月，第78页。

② 魏道儒：《中国华严宗通史》，凤凰出版社，2001年5月，第46页。

③ [日]镰田茂雄著，慈怡译：《华严经讲话》，佛光山宗务委员会，1997年，第17页。

新疆南部的于阗国(今和田)是《华严经》的发源地

品》与《入法界品》，龙树曾写过《十住毗婆沙论》、世亲写过《十地经论》，尤其世亲生于大约五世纪的西北印度，如果那时《华严经》已经编成，如世亲这般被称为"千部疏主"的大家，居然见到的仅仅是华严单品经《十地经》，这是不可想象的，可见在当时的印度本土并未流传整本的《华严经》。甚至在几百年之后的唐德宗时，南印度的国王亲手抄写的实际上只是《华严经》里的《入法界品》，却书以《华严经》的名字进贡给中国，可见该国王并未见到过真正的整本《华严经》。以此推断，《华严经》确实在印度流传有限。为什么在中国引起这么大影响的《华严经》在印度却这么寂寞呢？笔者认为，作为一部佛经，《华严经》所提倡的信仰类型与当时流行于印度的梵天崇拜太相似了，也许正是如此，影响了它在印度的弘传。这种因相似所以受冷落的文化传播现象，李利安教授称之"相似亦轻"①。在中国和西域这些没有印度教影响或印度教影响较小的地方，《华严经》的传播就会顺利得多。

第二，《华严经》确实与传统的佛教思想差别很大，而与西域的情况很接近。

首先，《华严经》里有明显的泛神论思想，这是印度本土的佛教哲学所没有的："诸宝地宝墙，宝堂宝殿，台观楼阁，阶砌户牖，如是一切咸出妙音，悉向于王曲躬敬礼，妙光城内所有居人……，一切山原及诸草树，莫不回转向王敬礼。"

其次，《华严经》强调菩萨要"孝事父母"、"利益父母宗亲"等："不孝父母，不敬沙门及婆罗门……，不久当堕三恶道处。"一般而言，印度佛学的思想是强调舍弃妻子儿女，弃家修行的，像"孝事父母"这样的思想可能是儒家思想的反映，早在西汉武帝时期，汉人的势力已经到达了西域，之后东汉虽然几得几失，但汉人在西域的影响一直都有，作为强势的政治存在，也必然会反映到文化上，《净行品》这一说法，就可以说明这一点。

再次，《华严经》反复强调菩萨应当"不厌生死行"："令修能灭生死道，令生不厌生死行。"所谓的"不厌生死行"，就是不要涅槃，而要永于住世，为苍生服务。《华严经》不断强调，菩萨应当发"众生尽，我愿尽；烦恼尽，我愿乃灭"的大愿，为救护众生而甘愿出生入死，轮回不已。而印度传统思想的主流一般认为修行的目的就是脱离生死轮回的苦海，达到最终的解脱。

第三，经过对《六十华严经》与《八十华严经》的对勘，笔者发现新增加的部分明显带有西域的特点。

如在晋译《华严经·离世间品》中有如下字句："菩萨摩诃萨处母胎时，余方世界一生补处，在母胎者，悉共讲说菩萨无尽智慧之藏，是为第八事。"

① 李利安：《观音信仰的渊源与传播》，宗教文化出版社，2008年6月，第457页。

而到了唐译《华严经·离世间品》中，则变成了："菩萨摩诃萨在母胎中，他方世界一切最后生菩萨在母胎者，皆来共会，说大集法门，名：广大智慧藏，是为第八事。"

很明显，唐译将"菩萨无尽之藏"改为了流行于西域的"大集法门"，即《大集经》所倡导的信仰。而关于《大集经》，杜继文先生有专门的论述：

在《大集经·日藏经》中还特别记载了有关于阗历史和现状的神话，由此推测，大集经类可能反映了3—6世纪，自阿富汗经于阗到敦煌一路佛教信仰的另一种动向。[1]

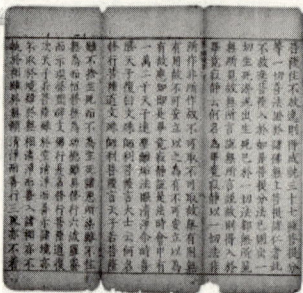

《大集经》

而关于《大集经》的特点，杜先生曾有提及：

《大集经》的内容极杂，总的来说，玄理相对减少，突出鬼神佑护和禁咒法术的作用，尤以"菩萨"能于"一时中，示八万四千种色"，"无情亦有神"等说法最为新奇，是佛教向多神主义方面发展的重要典籍，最便于在底层民众中传播。[2]

《大集经》的泛神论思想对于《华严经》的形成有重大影响。如在晋译《华严经》中有如下字句：

阿修罗中天鼓声，于人道中海潮声。[3]

百万亿天鼓出大音声，百万亿天琴出微妙音。[4]

而在唐译《华严经》中则添加了不少内容：

天鼓出音告其众：汝等宜应勿忧怖！诸天闻此所告音，悉除忧畏增益力。[5]

---

[1] 杜继文：《佛教史》，江苏人民出版社，2006年9月，第110页。
[2] 杜继文：《中国禅宗通史》，江苏人民出版社，2007年7月，第92页。
[3] 《六十华严经》卷第七，《大正藏》第9册，第441页上。
[4] 《六十华严经》卷第十三，《大正藏》第9册，第478页下。
[5] 《八十华严经》卷第十五，《大正藏》第10册，第80页中。

天鼓告诸天子言：我所发声，诸善根力之所成就。[1]

可以看到，晋译《华严经》只有两处提到"天鼓"，并且这两处都没有对"天鼓"进行神化，而唐译《华严经》十八次提到"天鼓"，对晋译《华严经》中有关天鼓的字句仍然保留，没有神化，但将新加的十六处"天鼓"都作神化处理了，这里，天鼓像人一样会说话，为大家讲法，警示大家，因为天鼓的这种能力是"从天业报而生得"。

　　这种泛神论思想虽然还是不能确定证明晋译《华严经》写于西域，但却至少可以说明，唐译《华严经》确实是在西域编成的，因为其新加的部分明显是西域的经典。并且由于《大集经》中有介绍于阗国历史传说的内容，所以至少可以说，《华严经》极有可能是在于阗国产生的。这说明在中亚的某个地方，极有可能是于阗国周围，存在着一个《华严经》的编纂团体，他们不断地收集相关经典，编辑成册，最后以《华严经》的名字流传出去。以此来推断，这个僧团当不是后来才有的，将之视为一个有传承的团体更符合逻辑。如果是这样的话，那么晋译《华严经》也有可能是在西域甚至是于阗国编成的。

（三）华严类经典在汉地的流传

　　华严类经典传到中国，经历了最初的冷落和之后的兴盛两个阶段。

1. 最初受冷落阶段

　　在传播方面，在《华严经》整本译出之前，先有单行经即华严类经典之一部分传译到中国，引起了一些僧人的注意，开始对其进行深入细致的研究。譬如，生活于东晋后期的荆州僧卫就是其中的杰出代表，也是华严宗重要的先驱人物之一。在僧卫生活的第五世纪初，玄谈之风尚浓，鸠摩罗什所传的般若学大兴于世，独有僧卫开始提出不但要学习智慧，而且要重视修行，他批评当世学者只服膺般若智慧之学，不重视《十住经》这样

① 《八十华严经》卷第四十八，《大正藏》第10册，第256页上。

讲解修行的经典，就像背着太阳和月亮而仍然处在黑暗中一样，他对《十住经》的研究开创了华严类经典研究的先河。僧卫也为佛教经典的中国化、为华严类经典的传播做出了贡献。在其著作《十住经合注序》里，他这样写道：

> 夫万法浩然，宗一无相，灵魄弥纶，统极圆照，斯盖自体用为万法，言性虚为无相，称动王为心识，谓静御为智照，故滞有则虑塞，则曰心曰识，凭虚照通，则曰智曰见。

僧卫认为，佛教所说的"万法"就是中国人所说的"体用"，佛教所说的"无相"就是中国人所说的"性虚"，佛教所说的"心识"就是中国人所说的"动王"（即心念），佛教所说的"智照"就是中国道家所说的"静御"。当人们执万物为实在时，就是心识在起分别作用；当人们领会了佛理后，就是亲证宇宙实相。这就是用当时流行的"格义"的方法对《华严经》进行解释。①

慧观是佛驮跋陀罗最得意的弟子之一，主要活动于南朝宋、齐之际。他对华严学的主要贡献在判教方面，他可能是第一个将华严类经典判为最高顿教的学者。他认为，华严之前的佛教流派都是渐教，共分五个时期说出：一是对声闻乘人说四谛，为辟支佛说十二因缘，为初期大乘说明六度，所修的果位各不相同，这是三乘别教；二是般若类经典，为三乘通教；三是《静品》、《思益》等经典赞扬菩萨、贬低声闻，这是抑扬教；四是法华类经典会通三乘，同归于一，为归教；五是涅槃类经典，为常住教。而最高者则是华严顿教。

虽然有僧卫和慧观这样的高僧对华严类经典进行过一定阐扬，但《华严经》翻出后却并未被广大僧俗普遍接受，在中国受冷达百年之久。原因有三：

第一，《华严经》所宣扬的佛受到当时僧众的质疑。《华严经》所推

---

① 魏道儒：《中国华严宗通史》，凤凰出版社，2001年5月，第51页。

崇的是所谓的"法身佛"卢舍那，认为他是诸佛之佛、诸佛之本，是宇宙之主，一切佛都是他的显现。而之前所讲的佛主要指的是释迦牟尼佛，新传来的崇拜对象无疑会受到怀疑，尤其是当时中国境内还有不少小乘佛教僧人，他们认为世界上只有一个佛，那就是释迦牟尼佛，他们强烈否定卢舍那佛的真实性，他们的观点影响了《华严经》的学习和传播。

第二，《华严经》的思想也与印度本土经典有差异。《华严经》中有强烈的泛神论色彩，而印度本土是反对泛神论的。

第三，《华严经》难度太大，不好理解，在没有注释的情况下，一般僧人根本无法理解。

2. 逐渐兴盛阶段

公元 446 年，北魏太武帝拓跋焘灭佛，持续几年之久，而号称无所不能的释迦牟尼佛竟然毫无办法，这就动摇了释迦牟尼佛在佛教信众心中独尊的地位。弥勒信仰开始兴起，对其他佛的崇拜也开始发展，为接受法身佛卢舍那准备了心理铺垫。

六世纪初，菩提流支在洛阳翻出《十地经论》，这是印度瑜伽行派大师世亲对《华严经》中的核心内容《十地品》的解释。这才算找到了理解《华严经》的钥匙，之后研究《华严经》蔚然成风，而后形成了有名的"地论学派"，由于师承不同，分为南道地论师与北道地论师。

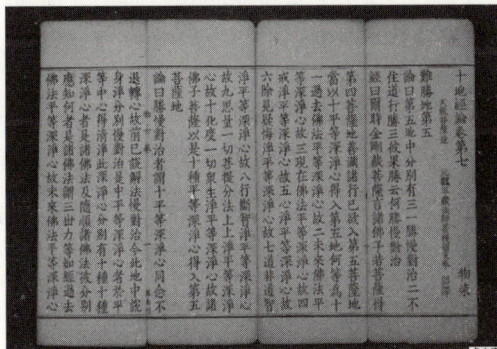

影响深远的《十地经论》

具体地说，菩提流支培养出了道宠等著名弟子，而勒那摩提则在培养弟子方面更为杰出，培养出了慧光、僧达等著名弟子。勒那摩提圆寂于洛阳，菩提流支则随东魏朝廷到了邺城，于东魏初年圆寂。以菩提流支的弟子道宠及其弟子为首，以《十地经论》为研究中心而形成了"地论北道"；以勒那摩提的弟子慧光及其弟子为首，以《十地经论》为研究中心而形成了"地论南道"。南道与北道的划分，据杨维中先生的考证，邺城（相州）有两条通往洛阳的官道，一条位于邺城北，一条位于邺城南，道宠僧团居于北道，慧光僧团居于南道，[①]从而形成了在中国佛教史上影响深远的地论学派。南北道地论师纷纷对《华严经》进行阐述，华严信仰开始向独立成宗的方向发展。

地论师对华严宗、唯识宗的形成有较大贡献，现择其要者略加介绍。

僧休，雍州人，今陕西凤翔一带。他是道宠的弟子，属于北道地论师。先是在河北清河县弘法，北周武帝灭法期间，他潜伏于清河民间。578 年周宣帝即位，恢复佛教，僧休遂在洛阳陟岵寺（今少林寺）弘法，隋朝建立后，他作为"六大德"之一，被隋王朝请到长安，带弟子宝袭等住锡大兴善寺。宝袭在僧休圆寂后住锡通法寺，培养的弟子有昙恭、明洪。僧无碍，为秦州（天水）永宁寺僧，曾入长安学习《十地经论》。

慧光（468—537 年），俗姓杨，河北沧州人，主要活动于六世纪前期。据说他聪明异常，往往刚学完经文就能宣讲，被时人称为"圣沙弥"。慧光师从名僧勒那摩提，参与了对《十地经论》的翻译，当菩提流支和勒那摩提就某一问题发生异议时，慧光常常能够提出独到的观点，弥合两人的不同。慧光闻名于东魏、北齐，是当时佛教界的领袖。

慧光是华严学发展过程中的一个至关重要的人物。他的重要性在于将原本神异色彩浓厚的《十地经论》诠释成为了义理为主的佛教论典，开辟了以后华严义学的新道路。

---

① 杨维中：《中国唯识宗通史》，凤凰出版社，2008 年 7 月，第 63 页。

《华严经》里讲了东南、东北、西南、西北、东、西、南、北、上、下十方各有一位大菩萨，分别有无数小菩萨相伴，排成有序的队伍，一起来到佛前，这本是经文表述出来的一幅动态的菩萨拜佛图，本身只为禅定者崇拜和观想用的，但是经过慧光的解释，就没有这么简单了，它还有深奥的义理在里面：他认为，佛本身象征着"自体"，这是宇宙的最高实在，或者叫"妙实"；而各位大菩萨象征着"方便"修行，这种修行既是成佛之"因"，又代表着修行后取得的"果位"；无数相伴的菩萨象征着修行的内容无穷无尽、包罗万象(行无不摄)；众多的菩萨来到佛前象征着修行圆满，即从修行之"因"进入了觉悟之"果"；十位大菩萨的排列顺序是文殊第一、普贤最后，象征着大乘菩萨行发端于"发心求智"，成就于"人间践行"，所以要想证得"妙实"，成就佛果，就必须在有情世间践行佛法，广播功德，而不能离开世俗求解脱；无论是作为"因"的"方便"修行，还是作为"果"的佛的真理性活动，都源于并且最终归于最高实在——佛的"自体"或"妙实"。

魏道儒先生认为，慧光在华严学发展方面做出的最大贡献，是把《华严经》对神通境界的形象描述进行理论改造，通过理性分析，提出新的哲学范畴，促使华严经学说在理论形态上彻底转变。实现这个转变的手段，是揭示《华严经》所描述的形象画面的象征意义。

慧光的弟子有道凭法师(487—559)年，属于第二代地论师。据《续高僧传》的《邺西宝山寺释道凭传》知，北魏太和十一年(487年)，道凭法师生于河北省邱县一户姓韩的贫苦农民家里，十二岁(499年)到大名县削发为僧，法号道凭。他先后学习了《涅槃》、《成实》、《地论》等名著，既能解意，又能有所独见。到了中年，他云游漳、滏、伊、洛等名山大川，向著名寺院的名僧求教。后又到河南嵩山少林寺住了下来，听说慧光大师"弘扬戒本，因往听之"，到邺城拜慧光为师，京师许多人都说："道凭法师的文句为珍宝，可以相信了。"

道凭所造安阳大留圣窟

　　东魏武定三年(545年)，五十八岁的道凭法师来到邺西岗峰山，决定在这里定居下来，在岚峰山东麓凿造大留圣窟，圣窟于武定四年(546年)四月八日完工，当时叫道凭石堂。大留圣窟窟口上方原有题记："大留圣窟，魏武定四年，岁在丙寅，四月八日，道凭法师造。"北齐天保十年(559年)三月七日，道凭法师在寺中圆寂，终年七十二岁。河清二年(563年)，灵裕法师在寺西为道凭法师造双石塔，东西排列，西塔为墓塔，东塔为陪塔。但最初道凭所建的寺庙，位置在安阳宝山附近的岚峰山，后来他的弟子将寺庙迁到了宝山现在的位置。

安阳灵泉寺道凭法师烧身塔

　　慧光的在朝弟子为法上(495—580年)，也属于第二代地论师。法上在北齐时期是炙手可热的人物，僧界之领袖。北齐开国皇帝文宣帝高洋常把自己的头发铺在地上，让法上踩过，以此来表示对佛法的尊崇。法上对华严学的传承也做出了贡献。

地论师僧粲也对《华严经》的研究和传播做出很大贡献。僧粲，俗姓孙，河南开封人，幼年出家，曾游学于河北、江南和长安地区，历经北齐、北周、南陈等国家，隋统一后，他于开皇十年（590年）入住大兴善寺，成为了当时佛教界的领袖。他针对当时不同学派汇聚京师的情况，写了《十种大乘论》一文，整理各类经典，统一思想，他第一个将《华严经》里的《十地经论》作为解决学说分歧、判定是非的准则，将《十地经论》奉为众经之主。僧粲是当时与三论宗吉藏论辩的主将，也是与道士们辩论的主将，他曾主动带领弟子去道教的讲坛挑战，并击败对手。僧粲响应隋文帝的号召，带领弟子到全国各地送舍利，"广布皇风"。

灵斡（535—612年）为慧光弟子昙衍的弟子，属于南道第三代地论师。灵斡，俗姓李，山西上党人，十四岁从学于昙衍，四十八岁时才在洛阳净土寺出家。灵斡对华严学的最大贡献是把莲花藏世界海作为修行的最终归宿。他认为，修华严的第一步是到达兜率天宫，然而，兜率天宫虽然富丽堂皇，但终究要轮回，所以不是最终归宿；他认为第二步就是进入莲花藏世界海，坐在大莲花上，在世界海中漂游。灵斡对修行归宿的追求后来被华严宗人接受，后来的华严二祖智俨法师就借鉴了这种思维来处理西方净土与莲花藏世界海的关系，获得了华严宗人的一致认可。

灵斡于隋开皇七年奉敕入住长安大兴善寺，称为译经的"证义沙门"，大业三年（607年），大禅定寺建立，被命为"道场上座"。沙门灵辩为灵斡的侄儿，十岁时丧父，由灵斡抚养长大，后拜昙迁为师，弘扬地论和摄论。

净影慧远法师（523—592年），属于南道第三代地论师。慧远法师，俗姓李，甘肃敦煌人，十三岁出家，主要生活于东魏、北齐、隋初，早年活动于邺城，即今河南安阳附近，老师是慧光大师弟子法上。后来北齐于公元577年被北周灭掉，第二年，北周武帝宇文邕于宣政初年召集诸僧，讨论废除佛教的问题，法上当时为僧界领袖，但觉得辩解无用，没有吱声，只有慧远挺身而出，据理抗争，后来逃入山中避祸，580 年进入少林寺。隋取代北周后，慧远作为"六大德"之一被诏进长安，且是带领十位弟子一同入长安的。慧远在关中弟子众多，知名的有慧迁、灵璨、明璨、宝儒、僧昕、宝安、善胄、慧畅、辩相、道嵩、道颜、智嶷、净业等，属于南道第四代地论师。净影慧远于 587 年后迁居长安净影寺，后被称作净影慧远法师，他并不是东晋时在庐山结社念佛的那位慧远法师。

净影寺的慧远法师是个了不起的人物，他第一次提出了大乘经典都是在说明同一个佛教真理——法界缘起，这一理论成为了后来华严宗的中心论点。他对华严学的主要贡献还是对"六相缘起"方面的分析。

灵裕法师所造的安阳大住圣窟

灵裕(518—605 年)，师承慧光弟子道凭，属于南道第三代地论师。灵裕，俗姓赵，河北巨鹿人，十八岁出家。早年他主要活动于安阳地区，在北周武帝排佛时，他和同伴二十多人游化于乡间，以占卜为生，隋朝初年，他在河北一带活动，590 年他又回到河南，后来曾奉诏短暂入住长安大兴善寺。

灵裕对华严学的贡献有四：

一是他著有《十地疏》、《华严疏》、《旨归》等百余卷作品，收了大批的弟子，尤其是他以慧眼发现了像静渊这样有才能的人。

二是他很有兼容并包的精神。他虽然主要弘扬华严，但是对自己的弟子并不强作要求，而是随其所好，自由学习。这种宽容的态度想来是他口碑甚好的优秀品质之一，也是他成功的诸要素之一。

三是他富有管理才能。他制定僧尼仪规并严格执行，可以想见，他的杰出弟子静渊一定从他身上学习了很多这方面的才能，因为静渊也是以优秀的管理著称于世的。

四是他劝静渊在隋开皇末年将原本偏僻的至相寺改迁到现在的地方，以方便内部管理和与长安方面的联系，使后来至相寺在华严创教的过程中起了关键的作用。灵裕在长安地区活动的时间并不长，但很关键。

到了晚年，灵裕又回到了相州(今安阳)演空寺，估计可能是觉得自己住在至相寺不利于弟子大展宏图的缘故。

据说灵裕师兄弟二十余人，唯其独传"十地秘论"奥义。杨维中认为，灵裕与慧远堪称第三代地论师中"双璧"，给他评价很高。①总的来说，灵裕主要的活动阵地是河南邺城。但是，他也曾到关中弘法。开皇十年，即590 年，他奉诏入关，住锡大兴善寺，第二年回到河南。在关中几个月的时间，曾在长安多次宣讲经论。隋文帝曾多次遣人问候。灵裕法师的弟子静渊，属于南道第四代地论师，陕西武功人，为华严宗祖庭至相寺的建立者，为地论学向华严宗的过渡做出了杰出贡献。当时入住至相寺的地论师，比较有名的还有昙迁的弟子智正，也属于南道第四代地论师。

灵裕与慧远大师是同时代的人物，所不同的是，慧远的法脉没有传下来，而灵裕的法脉则兴旺发达，后来不但建立了华严学的第一个长期稳定的基地——终南山至相寺，而且培养了华严二祖智俨的理论知识，为华严宗的创宗做出了巨大贡献，所以灵裕确是弘扬和传承华严学中的一个关键人物。

总的来说，地论学派对弘扬和传承华严思想做出了突出的贡献，为华严宗的形成打下了良好的基础。地论学派形成于今安阳地区，邺城成为早期地论学传播的基地。随着北齐政权的瓦解，全国政权的建立，地论学派

---

① 杨维中：《中国唯识宗通史》，凤凰出版社，2008 年 7 月，第 124 页。

的中心也由邺城转到了关中的长安。

　　隋代弘扬《十地经论》的还有僧猛。僧猛是陕西泾阳人。僧猛早年弘扬的是《般若》，后改为弘扬《十地经论》，隋朝建立后，被杨坚任命为"大统"，入住大兴善寺，管理僧众。当时在大兴善寺弘扬《十地经论》的大德还有僧粲，他于590年入住大兴善寺，曾著《十地论》两卷，并将《十地经论》作为决疑的依据。当时在关中弘扬《十地经论》的还有大兴善寺僧明劳等。

四、唐代华严宗的创立与沿革

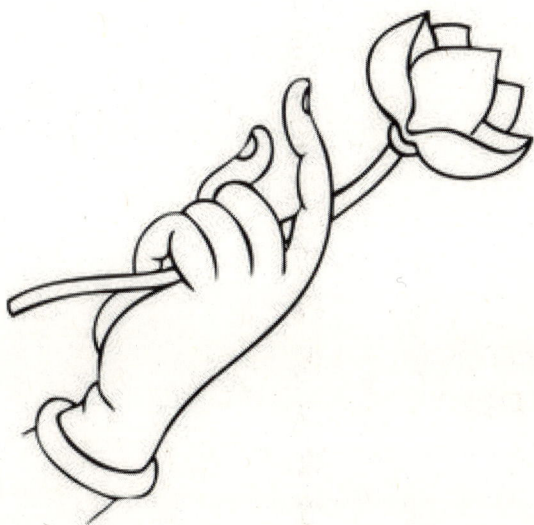

华严宗是中国佛教八大宗派之一，也是八大宗派中法脉至今还在流传的宗派，由法藏大师创立于唐朝武则天时期。顾名思义，华严宗以《华严经》为宗本，组织自己的学说。《华严经》体系庞大，结构严谨，对中国文化影响深远，下面就让我们了解下华严宗的形成过程吧。

（一）华严宗的创立

1．初祖杜顺

法顺法师(557—640年)，因其俗家姓杜，就俗称杜顺，陕西长安县人，十八岁在"因胜寺"拜僧珍法师出家。僧珍是出身于下层的游僧，勤习禅定，有神异事迹。法顺形迹类似其师，也是一名居无定所的游僧，据说他有神通，可以治疗天生聋哑，并且和动物如牛马等说话，还能驱除虫蚁。法顺以神通"感通幽显，声闻朝野"，唐太宗李世民曾将其请入宫中供养。法顺虽然是靠神异立本，但是他非常重视义理研究，他与当时的义理学中心终南山至相寺来往密切，将其爱徒智俨送入至相寺学习，并且自己也写有论著《华严五教止观》，对自己的禅观进行总结。从他将自己的弟子智俨寄放在至相寺学习来看，他与至相寺关系十分密切。

2．二祖智俨

智俨(602—668年)，甘肃天水人，十二岁拜法顺为师，被送入当时的华严义理学中心学习佛教典籍，他天资聪明，十四岁就能与著名法师灵辩论经，得到了"天纵哲人"的称号。他"虽阅旧闻，常怀新致"，既能够继承前人的学术成果，又能够推陈出新，阐发出新的道理。

他深受一百年前北朝时期著名的地论师慧光的论著的影响，慧光生活于东魏北齐(公元六世纪上半叶)时期，魏道儒先生在其大作《中国华严宗通史》中称他"在华严学的发展史上具有划时代的作用"。智俨在吸收慧光大师的学说的基础上，融合了当时的各派学说，第一次提出了著名的"十玄门"的理论，开创性地使用了一系列成对的概念，大大丰富了中国佛学的内容，基本上完成了华严宗学说体系的整体框架。他倡导理性思维，善于在华严经的神话色彩中找到哲学因素给予阐发，在"华严玄义"的发展过程中是极为关键的一环。他是中国华严宗建立的一位承前启后的先驱，魏道儒先生这样评价他："他终生以至相寺为活动基地，其学说影响却远达新罗。"

智俨是著名的学问僧，他不求闻达于世，大半生都是在研究和著述，二十七岁就著有《搜玄记》，逐句注解晋译《华严经》，后又写有《华严十玄门》、《华严孔目章》等，以《华严十玄门》最有特色。《华严十玄门》从十个方面揭示了《华严经》的玄理，实际上是从十个方面讲"法界"缘起的内容，给予这个世界一个解释：作为"理"本体的反映的这个森罗万象的世界，也就是宇宙万有，本身就是"事事无碍"的，在本质为一的基础上，各个现象之间相互依存、相互等同、相互融摄，我们生存的这个现实世界在本质上就是和谐的；作为本体的"理"世界和作为现象的"事"世界，本身就是不可分割的，本体的"理"就存在于现象的"事"之中，所以彼岸的解脱世界就存在于此岸的轮回世界之中，本体界和现象界是重合的。

至相寺也因智俨大师而扬名海内外。《新修科分六学僧传》卷二记载：

智俨，于阗国质子也，冒姓尉迟，名乐受，隶鸿胪寺。授左领军卫大将军、上柱国、封金满郡公。性聪锐，每思脱屣尘累。神龙二年五月，疏乞以所居宅为寺，诏允之。赐额奉恩，景龙元年十一月五日，中宗诞节也，因剃染以祝寿，诏就寺翻译诸经成部，严有力焉，又重出生无边法门陀罗尼经。后行头陀于石鳖谷，充上座于终南山至相寺。

依此说则智俨为西域于阗国国王的质子，俗姓尉迟，少年曾袭大将军、上柱国等爵位，但一直想出家。后来智俨舍宅出家，行头陀行于石鳖谷，充上座于终南山至相寺。需要指出的是，本则材料中的时间并不正确。《起信论疏记会阅卷首》卷一记载：

二祖讳智俨，俗姓赵氏，生于开皇二十年也。别号云华和尚，师居是寺，因而名之。又号至相尊者，亦因主化其中，人故称之。

也就是说，智俨法师生于 602 年，他享年六十六岁，就是圆寂于 668 年，而神龙二年是 706 年。智俨主要在两个寺庙居住，一为云华寺，一为至相寺，所以也被称为"云华和尚"或"至相尊者"。

智俨出家时，在佛前立誓选经，抽得《华严经》，就往终南山杜顺和尚那里，拜他为师。呆了不久，就尽得杜顺的学问。后来碰到一个怪僧，告诉他说，要想了解华严一乘法界宗，就必须了解十地中六相之义，不能懈怠，可一二月间，静静地思考，就能自己体会出个中道理。说完，怪僧就不见了。智俨因此发奋学习，豁然贯通，时年二十七岁，就在至相寺写出《华严经搜玄义钞》五卷，题名《大方广佛华严经搜玄分齐通智方轨》，开明六相、十玄的含义。

显庆四年(659 年)，智俨在云华寺中讲《华严经》，影响很大。当时法藏十七岁，辞亲求法于太白山，后来听说亲人生病，就回到了京城。半夜忽见有神光照亮庭院，法藏认为肯定是有人在大弘佛教，就到云华寺拜见智俨。可见，云华寺位于长安市区。法藏向智俨询问的问题，都是很艰深的难题。智俨非常赞赏地对门下说，这是个"义龙"，能问出这样的问题，确是贤才。有人告诉智俨，这个居士(指法藏)在太白山修行，研习《华严经》已经很久了，因为亲人生病，才回到了长安，来到了这里。

法藏领教了智俨法师的学问，认为找到了自己的老师。智俨也很高兴收到了好徒弟。龙朔二年(662 年)，新罗人义湘来到云华寺，拜智俨为师，与法藏为同学。总章元年(668 年)，智俨去世前，对道成、薄尘等大德说，法藏是个有才华的人，对华严学很倾心，无师自通，将来光大华严学，只有靠他啦，我只是幸运成为他的老师而已。之后，智俨梦到般若台倾倒，高幢也倒了，就告诉门人说，我将到净国去了，然后就圆寂了，享年七十二岁。

3. 三祖法藏

法藏(643—712 年)，祖籍中亚的康居国，今乌兹别克斯坦，以康为姓，

唐代华严宗的创立与沿革

是华严学说的集大成者，是华严宗的实际创立人。他十五岁时在扶风法门寺的阿育王塔前燃指供养，树立坚定的佛教信仰，以未正式出家的身份游学于各大伽蓝之间。他二十七岁（670年）正式出家于太原寺，五十七岁（690年）时才受具足戒。

关于法藏的身世，温玉成先生在龙门石窟有新发现。据他介绍，在宾阳南洞有法藏的题记："次西边坟，祖婆康氏，右麟德二年（665）八月亡。

龙门石窟宾阳南洞有法藏的题记

祖父俱子，右上元二年（675）五月亡。其年八月葬在洛州河南县龙门乡孙村西一里，父德启合葬记。孙男法藏、阿抒、无泰、惠琳，孙男崇基、万岁。父德启，右去垂拱三年（687）七月七日；母尹氏，右去长安元年（701）十一月二十九日亡。"①因此可以认定，法藏虽然祖籍中亚，但从其祖父起已经到洛阳定居，并葬在洛阳龙门。法藏的祖父名康俱子，父亲名康德启，母亲是尹氏，可能是汉人，兄弟姊妹有法藏、阿抒、无泰、惠琳、崇基、万岁六人。据温教授介绍，龙门石窟魏字洞有小龛，是法藏为其家人所造的功德龛。题记曰："法藏为父母、兄弟姊妹、又为胜蛮，敬造弥陀像一龛。乾封二年（667）四月十五日。"②时年法藏二十五岁，尚未出家，题记中出现的"胜蛮"，可能是法藏的妻子。

法藏本是西域人，梵语掌握得很好，参加过义净三藏的译场，多次奉诏讲经。法藏著述甚多，现存23部，重要的有《华严金狮子章》、《华严经探玄记》、《华严经旨归》、《华严五教章》、《妄尽还源观》，其中以《华严金

---

① 温玉成：《华严宗三祖法藏身世的新资料——兼述龙门石窟中的外国人造像》，《法音》，1984年第2期。

② 温玉成：《华严宗三祖法藏身世的新资料——兼述龙门石窟中的外国人造像》，《法音》，1984年第2期。

狮子章》最为有名，为法藏的代表作。

法藏对华严宗最大的理论发展是其判教理论，他将整个佛教分为"五教"：小乘教，即声闻、缘觉所学之教；大乘始教，即般若类经典所阐发之教；大乘终教，即宣扬如来藏缘起的涅槃类经典所阐发之教；顿教，即禅宗类经典所阐发之教；圆教，即法华与华严。判教思想的提出，使得华严学的理论更系统化了。

据说当年法藏大师为女皇武则天讲解华严宗，讲到"四法界"时武皇老是听不懂，法藏就拿御桌上镇纸的金狮子作比喻：看到了狮子的形象，就是看到了"事法界"；看到了金子，就是看到了"理法界"；看到了狮子是用金子做的，就是看到了"理事无碍法界"；看到了狮子的眼睛、耳朵、鼻子等器官之间虽然表象各有区别，但是都是由共同的本质——金子构成的，就是看到了"事事无碍法界"。法藏讲到这里，武则天一下子就明白了，同时觉得金殿摇了一下，原来有轻微地震，武则天觉得很是神异，对《华严经》愈发尊敬，于是捐出"脂粉钱"给"华严三圣"在龙门石窟造像。法藏给武则天讲解的讲义后来就被称作《华严金狮子章》。

法藏一生与唐王室关系密切，他勤于著述，也重视讲经授徒，培养了一大批义学弟子，对促进《华严经》在朝野的流行起了重要作用，正是在他的努力下，华严宗才真正建立起来。

（二）唐代华严宗的沿革

武则天证圣元年(695年)，实叉难陀于洛阳大遍空寺翻译《华严经》八十卷，史称唐译《华严经》或者《八十华严经》，然而在唐代常被称为《新华严经》。法藏虽也参与了《八十华严经》的翻译，但那时他的思想基本上已经形成，真正对《八十华严经》进行详细解读，并且获得后世承认的是李通玄的《新华严经论》。

1. 李通玄

李通玄(635—730 年)，山西太原人，李唐王室后裔，后来被尊为"李长者"。李通玄年轻时就精通周易，年过四十后才由儒学转向佛学研究，他归心华严，发愿将各不相同的华严注疏都统一为一个体系，刚好当时(699年)《八十华严经》翻译完毕，在进行了长期的思考和准备后，在 719 年，他便开始了对新译《华严经》的注释活动，地点是在一个叫做高山奴的居士的家里，三年足不出户，每日只吃十个大枣，一个柏叶饼，被后世称为"枣柏大士"。

李通玄写出的第一本书就是著名的《新华严经论》，后来又写有《决疑论》、《华严经大意》等。李通玄对华严学研究的突出贡献是方法论方面的突破，即采取了魏晋玄学家们注经的"取象表法"与"得意忘象"的方法。《新华严经论》就是李通玄运用中国传统的"取象表法"对《华严经》进行分析的经典。所谓的"取象表法"，就是认为形象的描绘只是"象"，其真正的内涵存在于其内部，要靠逻辑分析才能取得。学者的工作就是要从经文具体的描述(微言)中去引发玄妙的道理(大义)，历史上文王演八卦，孔子整理《春秋》，汉代大儒董仲舒注解《春秋》，都是采用的这种分析方法。譬如《春秋》本身就是一本史书，里面讲的都是具体而简略的历史事件，但是经过董仲舒的解释，就具备了天人感应的新儒学理论。

李通玄分析《华严经》也是这样，他把《华严经》原著里大量存在的富有神话色彩的内容视同《周易》里的"象"，认为这些"象"本身就是用来表示玄妙的佛理的，所以要注释佛经就不能只停留在"象"的层面，而必须透过现象去探求本质；"得意忘象"就是说"象"本来就是用来显示"理"的，"象"总是有形的，而"理"是无形的，"象"虽然是理解"理"的必然道路，但要用有形的"象"去表现无形的"理"，总会有所不足，故而要"得意忘象"。

《周易》和《华严经》本身都是人类杰出的思想精髓，早在北朝僧肇时期，就已经将老子、孔子等中国古代大师归于佛教中的"独觉"贤人，认为他们没有经过佛的教诲只靠着自己的悟性便已经独自证得了佛的智慧的一部分。李通玄的看法也是这样，这本来非常有利于佛教在中国的传播，也有利于佛教中国化的进程，更有利于中印文化的交流，可惜佛教界对此总是讳莫如深，不敢明确采用周易的理论来阐述佛经或者"明排周孔，暗取周孔"，用了也不敢说。李通玄虽然不是华严祖师，但是他在华严宗的发展史上却有着至关重要的影响，尤其在明代，影响了包括李贽等著名思想家。

2. 四祖澄观

澄观(738—839 年)，浙江绍兴人，俗姓夏侯，十一岁出家。澄观三十八岁(776 年)以前都是在各地游学，学过律宗、三论、华严，当时杭州的天竺寺是南方弘扬华严的中心，他在那里从学法诜师，后于 772 年又到成都，再学三论，775 年他到苏州从天台湛然(711—782 年)学习天台禅定。长达三十年的游学生涯使得澄观才华横溢，知识渊博，经传子史、小学苍雅、天竺悉昙、诸部异执、四围五明、密咒仪轨，无不通达。从大历十一年开始，他到了山西五台山，接着又去四川峨眉山，求见普贤菩萨，然后又回到五台山，住大华严寺，以讲经和著述为主。贞元十二年(796 年)，他奉诏到了长安，参加《四十华严经》的翻译，那年他五十七岁，经书译完毕，唐德宗命澄观为其做了注疏，他的注疏成为了钦定著作，由此名声大震，朝中大吏纷纷皈依，华严宗的影响迅速扩大，故被后世尊为华严四祖。澄观曾被唐廷授予"清凉国师"的称号，他著有大量的经书，据说有 400 多卷，有"华严疏主"的美誉。他系统地注解了《八十华严经》，后来定名为《华严经疏》，成为他的代表作。他对华严学说最大的理论贡献是提出了"四法界"的学说，这一学说后来简直成了华严宗的最核心的代表性理论。

3. 五祖宗密

宗密（780—841 年），俗姓何，四川西充人，早年大量学习了儒学经论，立志建功立业，后来发现不能实现，于唐宪宗元和二年（807 年）随遂州道圆法师出家。道圆法师传承的是菏泽神会的法脉，宗密成为了禅僧后，学习并写了大量的禅学著作，所以后来也有宗密被尊为禅宗祖师之一的说法。

据说宗密做沙弥时，有一次和大家一起去一个官宦人家吃斋，之后，主人给每名沙弥赠书一本，碰巧给宗密的是一本《圆觉经》。宗密回到寺里，才读了两三页，就心情舒畅，其喜悦无法形容。待读完后，他去找师父印证，道圆法师很吃惊，说看来你与此经有缘，可深研讨之，你前程远大，不可在此地久留，可出去参学，于是宗密就开始了游学的生涯。宗密以后果然在《圆觉经》的研究方面独步于世，写了大量的相关著作，由于他的弘扬，《圆觉经》成为中国佛教的著名经典。

公元 810 年，宗密到了湖北襄阳，在那里遇到了华严四祖澄观大师的弟子灵峰上人，上人将《华严经》以及澄观的《华严经疏》和《华严随疏演义钞》传给了宗密，故宗密又与华严结缘。他于 811 年来到东都洛阳，应广大僧俗的请求开坛讲《华严经疏》。信众里有个叫泰恭的年轻法师受到感动，拔刀砍断了自己的一只胳膊以示诚心，然而官府则认为宗密不是华严弟子，没有讲法资格，认为他是在蛊惑人心，要拿他治罪，宗密便修书一封给澄观，请求将其收为弟子，并获得认可。812 年，他亲自到长安澄观大师那里拜师，澄观这时已经七十多岁，得了宗密为弟子后很高兴，认为宗密完全有能力传他的法脉。

公元 831 年，宗密进入终南山，不久却遇到了一件危及性命的事情，那是在 836 年，宰相李训与凤翔节度使郑注密谋除掉宦官集团，不料被叛徒出卖，李训逃入终南山投奔宗密，宗密将之藏在山中，想将其剃度，后来被人劝住，认为这样也保不住李训，才将他打发走，后李训逃奔凤翔，还是被追杀了，这就是"甘露之变"。宦官仇士良知道了这件事情，要按隐匿杀死宗密，宗密怡然回答：我与李训是多年的老朋友，我们佛法的真谛就是遇到危难就要出手解救，就算为此而死也是本分。仇士良敬佩宗密的气概，将之释放，不再追究此事。

宗密学说的最大特点是援引禅宗的理论来解说华严，所以他的学说也被称作"禅化华严"。他倡导禅教合一，反对门派对立，相互非难，他对华严的最大发展是在澄观所论的"理"与"事"的基础上再提出"真心"的学说。宗密所说的"真心"乃是宇宙之心，宇宙之精神本体，它是万法之源，四法界的圆融无碍都要建立在"真心"之上。每个人心里都完全分有这个"真心"，"真心"到了人身上就是通常说的"心"。宗密把"心"界定为"知"，认为"知即是心"、"知之一字，众妙之门"。什么是"知"呢？他用《大乘起信论》中的观点来解释，"知"有两个方面的含义：它既是觉性的"灵明"，包含一切理智，又是寂性的"空寂"，前者是"生灭门"，后者是"真如门"，两者非一非异，体用不二。

宗密晚年居住在草堂寺圭峰兰若，故后世称之为"圭峰大师"或"圭峰宗密"。

三祖法藏在创立华严宗时，非常重视《大乘起信论》，引用颇多；而五祖宗密在阐发华严义理时，则非常重视《圆觉经》，并且引用了《楞严经》，而经现代学术考证，《大乘起信论》、《圆觉经》、《楞严经》都属于中国人创造的"伪经"，华严大师们在创宗过程中如此重视"伪经"，说明

宗密法师葬在了西安草堂寺

源自印度的佛教在进入中国的过程中，"中国化"都是自觉不自觉地进行的过程。

4. 六祖玄珪真奥

关于宗密之后华严宗的传承，长期以来并不十分清楚，幸而 2012 年西

安电子科技大学教师张爱萍在上海图书馆发现《华严宗佛祖传》的刊刻本，南京大学杨维中教授据此整理出了唐五代时期华严宗六祖、七祖、八祖的资料，为华严宗史的研究做出了巨大贡献。

据杨维中教授提供的资料，清续法的《华严宗佛祖传》卷四《贤首宗乘独派传记》中记载："第六世，东京永穆寺主玄珪法师，名真奥，字彻微，五祖传法首；恢觉寺灵峰法师，名慧炬，五祖赐号智辉，第二嗣；东都祖塔寺祖印法师，名泰恭，字得心，五祖第三嗣。"①此三弟子跟从宗密较早，宗密在《圆觉经略疏注》中曾多次提到过，真奥在文中称为玄珪，灵峰被称为智辉，他们常常作为使者代表老师去传书信。而泰恭就是那位在洛阳听法时砍断自己胳膊供法的僧人，也是宗密非常喜爱的弟子，排在第三位。宗密的三位嗣法弟子中，至少两位都长期在"东京"永穆寺和祖塔寺生活，说明唐末华严宗的重镇是在河南开封。

杨维中教授推测，宗密的大弟子真奥，可能就是石壁传奥，他是太原人，在太原石壁寺弘法，但证据仍很牵强。石壁传奥虽著有《华严经锦冠钞》、《大乘起信论随疏记》等作品，但宋僧日新在《盂兰盆经疏钞余义》中明确讲传奥"遇定惠禅师上足潜辉阇梨，剃发受道。"这里的潜辉，可能就是智辉法师，如此传奥只能是宗密的再传弟子。尽管如此，传奥的影响很大，如杨维中教授所说，传奥的不少著作后来传到高丽，之后子璿的许多著作也源于传奥，但子璿对他的讲解颇有微词。

① 杨维中：《唐末五代华严宗的赓续新考》，《宗教学研究》，2014 年第 3 期。

五、华严行法与华严哲学

与主要讲智慧的《般若经》不同，《华严经》主要是讲修行的，即讲怎样通过修行，一步一步地进入法界，修成正果，成为法身大士。因此我们有必要先了解华严行法。

（一）华严行法

华严行法主要指"普贤行"，这是一种号称宇宙之主毗卢遮那佛所倡导的最殊胜的行法，在修行目标和具体行法上都与以往的修法有重大差别。

1. 华严行法的修行目标与思路

"普贤行"追求的目标就是进入"性起法界"。何谓"性起法界"？《华严经》里没有明确给出定义，它只是强调"性起法界"到来之前是有前兆

的，这就是《如来出现品》所讲述的内容。它认为，经过漫长而又曲折的修行之后，功德圆满，就可以成就佛果，该品经广述如来出现前所显现的种种征兆，包括将要出现之如来的"心、意、识、音声"等种种征兆以及诸天、神、阿修罗、人、非人等的种种反映，为"性起法界"的到来烘托出氛围。

华严行法见弥勒即成化身佛（杭州飞来峰）

进入"性起法界"后就能获得"华严三昧"。《华严经》一开始就对所谓的"华严三昧"进行了铺张描述：

一一毛端，悉能容受一切世界而无障碍，各现无量神通之力，教化调伏一切众生；身遍十方而无来往，智入诸相，了法空寂。[①]

毗卢遮那佛在"华严集会"时首先给大家显示的就是"一一毛端，悉能容受一切世界而无障碍"的奇特三昧。佛的这种定力也引起了与会诸菩

① 《八十华严经》卷第一，《大正藏》第10册，第1页下。

华严行法与华严哲学

萨(法身大士)的共鸣:"其诸菩萨身毛孔中,一一各现十世界海微尘数一切宝种种色光明。"[①]作为毗卢遮那佛的代表,普贤菩萨也有这种奇异的神变的能力:"尔时,善财童子观普贤菩萨身,相好肢节,一一毛孔中,皆有不可说不可说佛刹海。"

美妙无比的"性起法界"正是"普贤行"圆满成就所得的果报。根据经文的相关阐述,我们知道,整个宇宙里的万物都是毗卢遮那佛的显现,作为万物之灵的"人类",当然更是如此,毗卢遮那佛在人的人体中的存在就表现为我们所称的"性"、"本性",人身难得,我们学菩萨道、修普贤行,最终的目的落实在个体身上就是要开发出这一被"无明"遮蔽的"性",将其唤起,使我们由世俗的"第一生命"转换成庄严的"第二生命"。

但是因为毗卢遮那佛已经成佛,不再轮回世间,而普贤菩萨为毗卢遮那佛在世间的代表,与其又是"同体"的,所以"性起法界"的代表者就成了普贤菩萨。《华严经·十定品》中用了戏剧化的场面来说明普贤菩萨与毗卢遮那佛的这种关系,经文讲到"世尊在摩竭提国阿兰若法菩提场中始成正觉,于普光明殿入刹那际诸佛三昧,以一切智自神通力现如来身",并大声赞叹普贤菩萨,这时,"往昔皆与毗卢遮那如来同修菩萨诸善根行"的大菩萨们云集,大家听到佛对普贤菩萨的赞叹,对普贤菩萨都"心生尊重,渴仰欲见",但是却看不到。普贤大菩萨就在众会中,除了佛之外,大家都看不到他,即使入"十千阿僧祇三昧",还是见不到普贤菩萨,对此,如来这样解释,普贤菩萨是以"金刚慧"普入了"法界",这个法界正是"性起法界"。由于"性起法界"代表了毗卢遮那佛之"体",而法身佛之"体"本就是"无形无相"的,故在普贤菩萨普入"性起法界"后,大家看不到普贤菩萨。

可见,"性起法界"是"非世间"法。那么,它与"世间"是什么关系呢?

① 《八十华严经》卷第六,《大正藏》第10册,第28页下。

云何为世间？云何非世间？但是名差别。①

可见，"性起法界"与世间的"缘起法界"本来就是一体的，"但是名差别"，它"非有非无"，又与"缘起法界"非一非二，所以台湾大华严寺方丈海云法师有这样的评述：

华严将此一世界分成两部分，一是缘起法界，一是性起法界，缘起法界与性起法界对立时，乃是因地的状况，亦即烦恼者看法界所产生的区别，然而当行者圆满了缘起法界而仅存性起法界时，是指性起法界包容着缘起法界。此性起法界即"一真法界"。②

由此也可以看出，"性起法界"与"缘起法界"圆满融合时，行者才能修成正果，进入法界。"性起法界"与"缘起法界"的这种关系也就是"华藏世界"与"十方世界"的关系。就是说，十方所有世界，包括娑婆世界和极乐世界，与华藏世界是"多"与"一"的关系，"体相如本无差别"就是说，十方一切世界的"相"虽不同，但"本"却是"无差别"的，都是毗卢遮那佛的显现。

既然华藏世界与娑婆世界是一体的，为什么大家却看不到呢？《华严经》认为那是由于自身的"心"被欲望所遮蔽的缘故：

染污诸众生，业惑缠可怖，彼心令刹海，一切成染污；若有清净心，修诸福德行，彼心令刹海，杂染及清净。③

所以晋译《华严经》的第一品即为《世间净眼品》，一开始就强调了获得"净眼"的重要性，而所谓的"净眼"是指我们的心性，心净，眼自然净；心浊，眼自然染，也就是经文所说的"彼心（被遮蔽的心）令刹海，一切成染污"。后来的论述中一再强调了这一点：虽然毗卢遮那佛就在我们心中，但是如果你没有一双"净眼"，也看不到。

如在《入法界品》一开始，毗卢遮那佛再次进入海印三昧，显示华严

---

① 《八十华严经》卷第十九，《大正藏》第 10 册，第 101 页中。
② 海云继梦：《华严经导读 1》，空庭书苑有限公司，2006 年 1 月，第 264 页。
③ 《八十华严经》卷第七，《大正藏》第 10 册，第 38 页中。

神变，众多的佛菩萨罗汉都来集会，可是，对于这些令人叹为观止的神变，那些声闻们却无法睹见，原因是他们没有"智眼"：

　　复次诸大声闻，无如是善根故，无如是智眼故……，是故如是不能知。[①]

《华严经》对此进行了理论总结：由于每个人的智慧不一样，在不同境界与智慧的人的眼中，华藏世界和毗卢遮那佛就会有不同的显现，这是毗卢遮那佛"随众生根而显现故"。所以我们所在的娑婆世界和阿弥陀佛的极乐世界其实也都是华藏世界海的不同显现。

　　因此，要想进入法界，首先需要观念层面的转变，就是将修行的实践建立在开发我们的本性、本心上，高度地重视对"自身"、"心"的开发：

　　心如工画师，能画诸世间，五蕴悉从生，无法而不造；如心佛亦尔，如佛众生然，应知佛与心，体性皆无尽；若人知心行，普造诸世间，是人则见佛，了佛真实性。[②]

　　台湾大华严寺的海云法师曾经详细地讲过这个问题：

　　一般"十信位"的摸索阶段不谈，从"正行"来讲，"十住"先慧，先慧后定。十住是慧，十行是定；十回向是慧，十地也是定。这是就总说而言，当然这里面，十个波罗蜜也有具备，留意看这些差别，意义在哪里？它要我们的心性一层扩大、一层实践、一层扩大、一层实践……，这才是真正的"定慧等持"。[③]

海云认为，"普贤行"就是要将我们的"心性"一层层地开发，止于至善，正是在这个意义上，他将之称为"华藏工程"。

　　既然要见到毗卢遮那佛，见到华藏世界，就必须开发自己的心性，那么具体该怎么做呢？这正是来自印度南方福城的善财童子的疑问，在《入法界品》中，善财童子每参访一位善知识，都会这样问："圣者，我已先发阿耨多罗三藐三菩提心，而未知菩萨云何学菩萨行？云何修菩萨道？"如

---

① 《八十华严经》卷第六十，《大正藏》第 10 册，第 323 页上。
② 《八十华严经》卷第十九，《大正藏》第 10 册，第 102 页上。
③ 海云继梦：《华严经导读 1》，空庭书苑有限公司，2006 年 5 月，第 68 页。

何才能开发自心，获得净眼？《华严经》给出的答案就是修"普贤行"。

2. 技术层面的"普贤行"

"普贤行"属于菩萨行的一种，并且是最殊胜的菩萨行。《华严经》虽然没有专门给"普贤行"下定义，但是根据《华严经》的相关描述，我们还是可以大致归纳出其基本的含义：普贤行是为见到毗卢遮那如来，以进入性起法界为目标而大发菩提心，以普贤菩萨十大愿王为指导，以十信、十住、十行、十回向、十地为修行次第，广泛参访善知识，最终进入究竟的一真法界而又不离世间、广泛利益众生的殊胜法门。它在前提、关键、行法、落脚点四个方面都比原来的菩萨行殊胜。

普贤菩萨十大行愿

第一，看"普贤行"前提的殊胜。"普贤行"的前提就是要先发菩提心。菩提心一般是指为了利益众生而发的求证无上智慧之心。《华严经》比其他任何佛教经典都更强调"初发菩提心"的重要性与功德：

菩提心出生一切诸菩萨行，三世如来从菩提心而出生故。①

而晋译《华严经》的《梵行品》更是明确提出："初发心时，便成正觉，知一切法真实之性，具足慧身，不由他悟。"唐译《华严经》的《梵行品》也认为："初发心时，即得阿耨多罗三藐三菩提，知一切法，即心自性，成就慧身，不由他悟。"初发心便成正觉，这是对"菩提心"的多么高的评价啊！所以善财童子每次参访善知识前，都会先告诉善知识"圣者，我已先发阿耨多罗三藐三菩提心"，然后才问"而未知菩萨云何学菩萨行？云何修菩萨道？"而善知识也总是先赞叹善财童子发心得功德，然后才告诉他相关的

---

① 《八十华严经》卷第七十八，《大正藏》第 10 册，第 430 页下。

华严行法与华严哲学

法门，应该说，发菩提心，是"普贤行"的前提。

虽然发菩提心是大乘佛教菩萨行的普遍要求，但是《华严经》里的菩提心显然在含义上又有了深入，它强调菩萨要有度尽众生才能涅槃的大悲心。在普庄严园，休舍优婆夷告诉善财童子：

是故善男子，严净一切世界尽，我愿乃尽，拔一切众生烦恼习气尽，我愿乃满。①

"世界尽，我愿尽；烦恼尽，我愿满"，也就是说，不度尽宇宙中的一切众生，普贤行菩萨就永不成佛，而甘愿在六道中轮回救世，这是何等伟大的悲心啊！修普贤行的行者就是要有如此的气概才行。正是在这一点上，使得"普贤行"相比于其他的菩萨行有了质的飞跃。

第二，看"普贤行"修行的关键。"普贤行"相较于以前的"戒、定、慧"三学以外，还特别强调了参访善知识的重要性，指出依止善知识是圆满"普贤行"的关键。我们看到，在善财童子参访德生童子、有德童女时，两位圣者为他开示了依止善知识的重要：

菩萨因善知识听闻一切菩萨诸行……；善知识者，能净诸障，能灭诸罪，能除诸难，能止诸恶，……能开示无量菩萨妙行，能成就无量广大佛法。②

善知识能净障，能灭罪，能除难，能止恶，能净智慧眼，能长菩提心，能长善根，能开始无量善法，简直有无量好处，多多参访善知识，是"普贤行"的关键。应该说，《入法界品》中的"入法界"其实就是"入众生界"，要求普贤行者要深入到社会中去，广泛地参访善知识。如果说，以前也有法门强调参访善知识的话，那么"普贤行"将参访的对象大大地扩大了：

善男子，汝不应修一善，照一法，行一行，发一愿，得一记，住一忍，……应化无量众生界，应知无量众生心，应知无量众生根，应识无量众生解，应观无量众生行。③

① 《八十华严经》卷第六十四，《大正藏》第10册，第344页下。
② 《八十华严经》卷第七十七，《大正藏》第10册，第421页上。
③ 《八十华严经》卷第七十七，《大正藏》第10册，第420页中。

在善财童子参访的善知识中，既有上层的国王、贵族，也有下层的渔夫、隐者；既有年长的老者，也有幼小的童子、童女；既有已经得道的大菩萨，也有出家的比丘、比丘尼，甚至还有暴君、妓女，更令人意外的是还有婆罗门！职业可谓五花八门，突破了早期佛教"八正命"的限制，强调了不看别人的缺点，只看别人的优点和长处的新思维，这当然也是"普贤行"的殊胜之一。

道凭法师所建之"大留圣窟"

第三，看"普贤行"修行的次第。《华严经》在修行的行法上也远远超越了传统的修行方法，这主要体现在修行的广度和次第两个方面。

首先，看修行的广度。在早期原始佛教时期，一般的行法以"四"为基本单位。如"四念住"：观身不净、观受是苦、观心无常、观法无我。"四正断"：对于已经升起的恶，应当努力断除；对于未生的恶，要努力防止其产生；对于已经升起的善，应当坚持到底，使之圆满；对于未生的善，要努力使之升起。"四神足"：欲如意足、念如意足、精进如意足、慧如意足。当然也有以七和八为单位的。如"七觉支"：念觉支、择法觉支、精进觉支、喜觉支、轻安觉支、定觉支、舍觉支。"八正道"：正见、正思维、正语、正业、正命、正精进、正念、正定。

在大乘初期的般若阶段，一般讲"四摄"和"六度"。"四摄"：布施摄、爱语摄、利行摄、同事摄。"六度"：布施度、持戒度、忍辱度、精进度、禅定度、智慧度。

以上大致是小乘和大乘初期有代表性的种种行法，而"普贤行"则以代表圆满的"十"为基本单位，对传统的修法以较大的发展：十信、十住、十行、十回向、十地、十般若蜜、十通、十忍、十定、十顶等。我们比较一下就可以看得很清楚：

先看"十住"："诸佛子，菩萨摩诃萨十住行，去来现在诸佛所说。何等为十？一名初发心；二名治地；三名修行；四名生贵；五名方便具足；六名正心；七名不退；八名童真；九名法王子；十名灌顶。诸佛子，是名菩萨十住，去来现在诸佛所说。"①关于"十住"的内容，《华严经》里有详细的描述，限于篇幅不能一一解说，但很明显可以看出，《华严经》所说的"十住"与"四念住"相比增加了六项，并且在内容上也做了大量的超越。

譬如传统的"五通"只包括天眼通、天耳通、他心通、宿命通、如意通五个方面；而《华严经》的"十通"则有了较大的发展，其包括他心通、天眼通、知过去际劫宿住智通、知尽未来际劫智通、天耳通、住无体性无动作往一切佛刹智通、善分别一切言词智通、无数色身智通、一切法智通、一切三世无碍智神通。可以看出，无论在深度和广度上都有了较大的发展。

再譬如"十行"，里面的"欢喜行"相当于"六度"中的"布施度"；"饶益行"相当于"六度"中的"持戒度"；"无违逆行"相当于"六度"中的"忍辱度"；"无屈挠行"相当于"六度"中的"精进度"；"无痴乱行"相当于"六度"中的"禅定度"；"善现行"相当于"六度"中的"智慧度"；之后的"无著行"为"方便"；"难得行"为"愿力"；"善法行"为"力"；"真实行"为"诚"。这样，大乘初期的"六般若蜜"就被发展成了"十般若蜜"。

其次，看修行的次第。"普贤行"有严格而完整的修行次第，开始的"十信位"，是讲建立对"普贤行"的信心。没有信心，是无法完成艰难而漫长的修行目标的，因此拥有十种坚定的信心，是"普贤行"的基础与前提。

华严行法非常强调次第，在其核心部分"十住、十行、十回向、十地"四个顺序是不能打乱的。譬如在著名的《入法界品》中，善财童子所参访的善知识以十人一组，由低到高，分别代表了十信、十住、十行、十回向、十地等境界，直到弥勒称为"等觉菩萨"，到文殊和普贤称为"妙觉菩萨"，

①《八十华严经》卷第十六，《大正藏》第10册，第444页下。

并且善财童子向诸位善知识所提的问题也逐步深入，由刚开始只是简单的询问"云何学菩萨行？云何修菩萨道"，到后来还要追问"云何得一切智"，还要继续追问该法门的来源，于是后面的诸位善知识都要不厌其烦地给童子解释自己在无量劫某一佛前，因何功德而得佛授法，得到此殊胜法门，而有此种种神通。

　　除了在这几个主要的修行阶段有次第以外，在"十住"、"十行"、"十回向"、"十地"这些阶段性的行法内部，也有严格的前后高下次第之分。如《十地品》在讲述焰慧地菩萨时这样说道：

　　住于此地，下地菩萨所不能及，众魔烦恼悉不能坏。

"下地菩萨"是不能够超越"上地菩萨"的，所以在修行时必须次第而行。再譬如说《十住品》，虽然《华严经》中没有直接经文论及十住的高下，但是，学界公认东晋祇多蜜所译的《佛说菩萨十住经》正是《华严经》里《十住品》的前身，正是在这部《佛说菩萨十住经》里，有明确的记载论及十住的高下，并且为佛亲口所说：

　　佛言：有十住菩萨功德，各有高下，自有次第。

　　魏道儒先生在他的名著《中国华严宗通史》里也认为，《华严经》里的"十住"有高低次第之分，在讲《华严经》的前身《佛说菩萨本业经》时，他有如下论断：

　　十个阶位并不是平行并列的十个方面，而是由低到高、自浅入深，直至获得佛功德次第阶位。①

　　事实上，整部《华严经》都不是简单的并列关系，几乎在每一品，我们都可以很明显地看出这种逐步递进、逐步深入的结构。自古以来，"华严行法"那严密细致、逐步深入、如交响乐一般整齐的结构频率一直在震撼着人们的心，很多普贤行者就是一方面虚心地向各色人等参访，学习有用的知识，按照由低到高的次第"定慧等持"，另一方面也要慈悲救世，为他

① 魏道儒：《中国华严宗通史》，凤凰出版社，2001 年 5 月，第 6 页。

华严行法与华严哲学

人着想，为众生服务，教化世间一切众生。

最后，看落脚点的殊胜。"普贤行"的落脚点在于既要能进入"一真法界"，又能"不离世间和广泛利益众生"，"普贤行"还要求行者应该主动前往教化众生，做众生的"不请之友"，"不求而应"，而不像以前的观音菩萨那样"有求才应"：

非众生请我发心，我自为众生作不请之友。[1]
不要让人家请了才去帮忙，而是要做"不请之友"，主动去帮忙。只有这样才能圆满普贤行，见到普贤菩萨，既有明显的超越性，又有卓越的现实意义。

（二）《华严经》中的哲学思想

华严哲学作为一种宗教哲学，具有与世俗哲学不一样的区别。首先，世俗哲学是高度理论化、体系化、抽象化的哲学体系，而华严哲学是用生动的、直观的、形象的、感性的语言来描绘的。其次，华严哲学一定是要落实到某位神身上的，华严哲学就是以毗卢遮那佛和普贤菩萨为表征的。

《华严经》是在中亚形成的经典，而华严宗是在内地结合中国传统文化而形成的宗派，虽然华严宗是围绕注释《华严经》而逐步形成的，但毫无疑问，华严宗哲学中已经加入了很多"中国传统文化"的东西，两者并不能同日而语。鉴于此，将华严哲学分为《华严经》中的哲学和华严宗哲学两部分，本节重点介绍《华严经》中的哲学。

1.《华严经》哲学阐释的核心内容——"一多关系"

华严哲学是通过毗卢遮那佛与普贤菩萨来表征的。

华严哲学非常重视对"一"与"多"关系的描述。《华严经》中有不少经文用非常形象化的语言对华严哲学进行描述：

尔时，善财童子观普贤菩萨身，相好肢节，一一毛孔中，皆有不可说

---

① 《八十华严经》卷第二十，《大正藏》第10册，第108页上。

不可说佛刹海。①

如何才能理解这种奇特的境界呢？我们看经文的表述："于一一心中知无量心，……，于一处中知于无量不可说处，……，于一业中能知无量不可说不可说业，……，于一切法中而知一法。"②从"一心"到"无量心"，"一处"到"无量处"，"一业"到"无量业"，"一法"到"无量法"，可见，所谓

灵泉寺石窟的北齐《华严经碑》碑首

的"普贤境界"，主要是能够"分身"，在"一"中能够分身到"多"，能在"多"中重回到"一"。

又知诸佛所有入劫智，所谓一劫入阿僧祇劫，阿僧祇劫入一劫；有数劫入无数劫，无数劫入有数劫；一念入劫，劫入一念；劫入非劫，非劫入劫。有佛劫入非佛劫，非佛劫入有佛劫；过去未来劫入现在劫，现在劫入过去未来劫，过去劫入未来劫，未来劫入过去劫；长劫入短劫，短劫入长劫。③

这就说明，无论在空间方面还是在时间方面，"一"与"多"都能毫无障碍地相互摄入，这是真如本体界才有的自在神通。"普贤行"的目标就是获得这种不可思议的神通。

住法云地菩萨，亦复如是，能安能受，能摄能持一佛法明、法照、法雨，若二若三乃至无量，于一念顷，一时演说，悉亦如是，是故此地名为法云。

---

① 《八十华严经》卷第八十，《大正藏》第 10 册，第 442 页上。
② 《八十华严经》卷第三十一，《大正藏》第 10 册，第 165 页中。
③ 《八十华严经》卷第三十九，《大正藏》第 10 册，第 206 页中。

法云地菩萨能够在一念中演说一切佛法，这当然也是真如本体界才可能具有的能力。《入法界品》中也非常精彩地描述了普贤菩萨这种"体用不二"之神通：

> 又以见彼一切世界一切诸佛出兴次第，又以见彼一切世界，一一皆有普贤菩萨，供养于佛，调伏众生，又亦见彼一切菩萨，莫不皆在普贤身中，亦见自身在其身内，亦见其身在一切如来前，一切普贤前，一切菩萨前，一切众生前。

（大意）善财童子看到一切菩萨连同自身都在普贤菩萨身内，同时一切世界里都有普贤菩萨在供养佛和教化众生，这表明他看到了自己的肉身也属于（理）本体的显现，他看到自己一念之间到达了一切众生前、一切菩萨前、一切如来前、一切普贤前，说明他真正地入了真如法界（即"一"），因为这种能力只有真如本体才能做到。

那么，普贤菩萨的这些神通得以实现的原因是什么呢？普贤菩萨讲了两个原因：第一，普贤菩萨是成正觉者，即他已经进入了本体界，与毗卢遮那佛同体："究竟无生灭，无处不至"[①]；第二，如来（这里即代表"一"，或"本体"）有"无量"法门可成正觉，所以他可以现身无量。知道了这些，才能够理解普贤菩萨为何能显示"佛境界"："汝应观我诸毛孔，我今示汝佛境界。"[②]

这里普贤菩萨讲，要想理解该神变，只有通过"观我诸毛孔"来实现。"汗毛"是人身上极细微的部分，"毛孔"当然就更微小了，人的肉眼是无法"观"毛孔的，所以这里反复提及的"观"，不是"观察"的观，而是"观想"的观。其方法乃是在观想普贤菩萨时，先观想其色身，这只是第一步；其次就是逐步缩小观想的范围，直至小到"毛孔"里面。这实际上是要求行者透过"相"去把握"真如"、"本体"，这个"毛孔里面"

① 《八十华严经》卷第五十二，《大正藏》第10册，第274页下。
② 《八十华严经》卷第七，《大正藏》第10册，第34页下。

的空间，其实是"非有非无"的"真如"。从其无法为人的感觉器官所感知、无法言说、不可思议的角度来看，其属"非有"；从其生成一切，遍在一切的角度看，其又"非无"，或说"不空"。通过"普贤行"既然可以窥见"真如本体"，而"本体"又是宇宙万象之本，那么行者就可以通过"真如本体"而复观见一切诸佛刹。这正是下述经文的思想：

　　菩萨能修普贤行，游行法界微尘道，尘中悉现无量刹，清净广大如虚空。等虚空界现神通，悉诣道场诸佛所，莲花座上示众相，一一身包一切刹，一念普现于三世，一切刹海皆成立，佛以方便悉入中，此是毗卢所严净。①

这就是普贤菩萨著名的"毛孔观"。菩萨如果能够修成"普贤行"，就可以"游行法界微尘道"，这是透过现象界到达本体界，然后就可以在"尘中悉现无量刹"，就可以达到法身境界，"分身"无数，"悉诣道场诸佛所"，透过真如本体而"一一身包一切刹"、"一念普现于三世"。这样，"一切刹海"即整个宇宙就建立了起来，佛作为真如本体的代表当然也"悉入中"。

　　最后，《华藏世界品》中借"一切如来"之口对上述内容进行了总结："普贤身相如虚空，依真而住非国土。"这里所说的"普贤"指的是普贤菩萨之"体"，即他所代表的"真如本体"。该"体"在空间上能够"分身住彼亦无量"、"恒以种种身"、"法界周流悉充遍"、"一切刹中诸佛所"、"十方国土无遗者"，① 这正是本体生成现

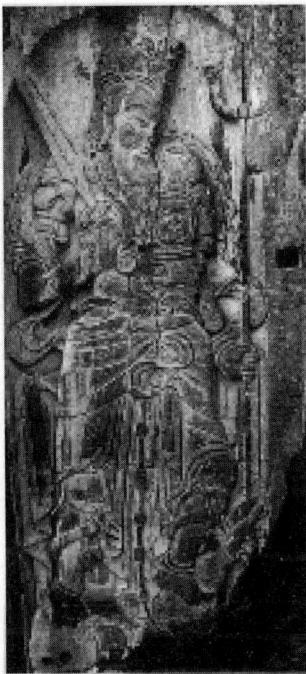

大住圣窟之迦毗罗神王

---

① 《八十华严经》卷第七，《大正藏》第 10 册，第 35 页中。

象界时的状况，即在空间具有无限可分性，遍在于一切它所产生的具体现象，同时还能够保持自身完整；"普贤"在时间上能够以"一刹那中见多劫"，在时间上也是永恒的，这正是哲学上所讲的"本体"的特点。

总之，"一"与"多"相互涉入、重重无碍的特点是华严哲学的核心内容。作为"普贤行"修行榜样的善财童子在五十三参的最后一站去拜访普贤菩萨，向他问道。而普贤菩萨给善财童子摸顶，"令得具足一切世界微尘等三昧门"。这时，善财童子天眼顿开，看到了不可思议的景象："尔时，善财于普贤菩萨相好肢节，诸毛孔中，见不可说不可说世界海，诸佛充满。"[2] 能看到这种法界本相，标志着善财童子具备了进入"性起法界"的能力。

那么，普贤菩萨所显之"体"或曰"真如"，是不是《大般若经》里所讲的"真如空性"呢？这是个值得探讨的问题，下面分析华严哲学的空观。

2.《华严经》中哲学的空观

《华严经》受之前流行的般若思想影响甚大，里面有大量描述"空"的内容：

> 我应观一切法界如幻，诸佛如影，菩萨行如梦，佛说法如响。

> 因缘生法，皆悉如响，菩萨诸行，一切如影。

> 菩萨摩诃萨，了知诸佛皆悉如梦。菩萨尔时虽现初生，悉已了达一切

诸法，如梦、如幻、如影、如响。
这些凸显般若空观的思想也都是华严哲学的组成部分。可见，《华严经》的主要章节都有受到般若思想的影响，《华严经》对般若思想的吸收，不是偶然的、局部的，而是系统的、全面的。

然而《华严经》毕竟是属于广义的如来藏类经典，它对般若思想的吸

---

① 《八十华严经》卷第七，《大正藏》第 10 册，第 33 页下。

② 《八十华严经》卷第六十，《大正藏》第 10 册，第 785 页下。

收毕竟不是简单地照单全收，而是对之进行了改造。如《十回向品》的经文里明显有般若思想："知诸法性，恒不自在，虽悉见诸法而无所见，普知一切而无所知。"这明显是般若思想的体现，很像是僧肇《般若无知论》的论述。然而到了第二段中，忽然话锋一转，大讲"实际"、"无为法"①，这就又和如来藏思想联系在一起了。由此知开头部分"虽无分别而普入法界，虽无所作而恒住善根，虽无所起而勤修胜法"里的"法界"、"善根"、"胜法"三个概念显然是相对应的，所表述的内容是一致的，指的都是真如本体。

这种将般若与如来藏结合的思想在《华严经》中还有更直接的体现：

譬如真如遍一切处，无有边际……，譬如真如，真实为性。譬如真如于三世中无所分别。……令诸众生乘普贤乘而得出离，于一切法无所贪求，譬如真如住一切地。

这里反复强调"真如"在空间上遍在于一切，在时间上横存于三世，其实指的就是"不空"之"本体"。到了后来，《华严经》更将此"真如本体"建立在了有情个体均具有之"心"上："一切皆以心为自性，如是而住，随诸众生业报不同，心乐差别，诸根各异，……知诸法相皆悉无相，唯是一相，智慧之本。"

综上所述，华严哲学之微妙，就在于此：第一步，它将般若思想引进来，与如来藏思想结合，以般若思想阐述世界之"相"，认为其"如幻、如梦、如影、如响"；第二步，再用如来藏思想肯定世界之"体"，认为其"遍在于一切"、"恒存于三世"；最后将一切都建立在了"心"上，开出了从自身入手、开发自己心性的修行解脱的新路子。尤其是最后一点，是华严哲学不同于之前的佛教哲学的新观点，对印度后来的唯识学和中国哲学的心性化都影响深远。

① 《八十华严经》卷第二十四，《大正藏》第10册，第132页上。

华严行法与华严哲学

华严哲学里的"普贤地"、"普贤界"、"法界"则强调了其作为"本体"与作为"现象"的世俗界的不可分割性,即本体即现象,本体与现象不二,既强调"本体"的"不空",又强调"现象"的"如幻"。具有这样特征的"大普贤地"在后来的密教理论中被吸收和改造为"金刚地",对建立密教理论体系和构建密教行法都产生了巨大的作用。华严哲学既有别于重在显"空"、显"体"的文殊哲学,也有别于重在阐"有"、显"相"的弥勒哲学,而是重在表述"空"与"有"之间、"体"与"相"之间的这种相互涉入、相互显现、重重无尽的关系,凸显"空而不空"、"不空而空"、"体而有相"、"相不离体"、"体用不二"的复杂关系。

3.《华严经》中哲学思想的来源

《华严经》里怎么会出现如此复杂的哲学呢?这种奇妙的哲学体系来自何处?这是个很有意思的话题。笔者认为,如此复杂的哲学应该不是突然出现的,而是有所继承的,它继承的应该就是帝释天的"因陀罗哲学"。[①]那张著名的"因陀罗网",我们不应该简单地将之视为一种武器,它更是一种哲学象征。那么,"因陀罗网"喻含的意义是什么呢?因为"因陀罗网"由"摩尼宝珠"构成,所以要了解"因陀罗网",就需要首先探究一下"摩尼宝珠"的含义:

> 摩尼珠,此云"无垢光",又云"离垢",又云"增长"。论云"摩尼珠多在龙脑中,有福众生自然得之,亦名如意珠。[②]

印度人喜用譬喻的方式来说明哲学概念,摩尼宝珠之喻,便是典型,从其特点看,显然此宝乃是譬喻哲学上的"本体"。虽然印度人没有明确地去界定这个概念,但是很明显可以看出"摩尼宝珠"这一譬喻带有本体论的思路:经云此宝光净,不为垢秽所染,这讲的正是本体的圆满性;又云此

---

① 王宏涛:《古代域外普贤信仰研究》,第三章第四节,《普贤菩萨与帝释天的融合》,西北大学 2011 年博士论文。

② 《祖庭事苑》,《大正藏》第 64 册,第 421 页中。

宝坚固，不为水火所侵，这讲的正是本体的永恒性；又云此宝能够随万物而变化，但自身清净不受染污，这讲的正是本体所具有的非物质性、遍在性以及其与现象的不二性。虽然印度人并没有表述得这么完善，但考虑到文化差异和时代差异，我们完全可以认为"摩尼宝珠"之喻，正是印度人试图用此来表示万物之本体的尝试。

既然"摩尼宝珠"代表的是存在于千差万别的具体事物之中的"宇宙之本体"，那么，"因陀罗网"所代表的正是体用不二、本体与现象一如的宇宙万物(理事无碍之法界)："修行如是寂灭之法，得佛十力，入因陀罗网法界，成就如来，无碍解脱"，"知一切法界中，如因陀罗网，诸差别事，尽无有余"。

四川大学的研究生张慧敏女士在其硕士论文《帝释天研究》中也有过类似的看法：

在其(即因陀罗)名号所引申出来的诸多具体的象征意义中，最为典型的为"因陀罗网"，佛经中描述，在帝释宫殿中，有宝网装饰其殿，该网的每一节皆附有无数宝珠，宝珠光明赫赫，每一宝珠皆能映现其他一切宝珠，相互映现，重重无尽。华严经将"因陀罗网"比喻诸法之"一与多"如网上的宝珠相互辉映，重重无尽。并若依境而言，称为因陀罗网境；依定而言，称为因陀罗网定；依土而言，称为因陀罗网土，皆为显示事事无碍圆融的法门。①

除此之外，因陀罗自身也具有以"一"化"多"的含义，"首先制作一，此后造其他"，"彼按本真相，变现种种形，正是此真相，借以显其身，幻化许多相"②。显然，这里的"一"，虽然还称不上具有"本体"意义，但是，已经包含后来佛教所说的"法身"与"化身"的意义。这一点(即"一"与"多"的关系)发展以后被华严哲学所继承。

---

① 张慧敏：《帝释天研究》，四川大学 2007 年硕士论文，第 59 页。
② 巫白慧：《印度哲学——吠陀经探义和奥义书解析》，东方出版社，2002 年 12 月，第 35～36 页。

华严行法与华严哲学

"菩提心"也有"因陀罗网"之喻:"菩提心者如因陀罗网,能伏烦恼阿修罗故。""因陀罗网"还具有坚固、能断一切烦恼之意:"善学因陀罗网能破魔网,坏诸见网,入有情网,能超烦恼眷属及魔侣魔人。"[①]前面讲的是"因陀罗网"的含义,显而易见,以上几种含义正是后来普贤菩萨所代表的含义。普贤菩萨显然汲取了因陀罗的这些内容,尤其是吸收了其代表"一"与"多"的关系的特征。这丰富了华严哲学,在《华严经》中有了较大的发挥。

(三) 华严宗哲学的重要范畴

华严宗哲学内容多,义理深,经过学者们的整理后,总结出了"四法界"、"六相缘起"、"十玄门"等哲学术语,下面给予简单介绍。

1. 四法界

"法界"一词在不同的宗派、不同的经文里含义有较大差别。就华严宗而言,"法"指的是诸法,包括有为法和无为法。有为法就是有欲望、有作为、处于动态的事物;无为法指的是处于静态的、清净的、没有欲望染污的事物。"界"指的是分界、界限。华严宗中的"四法界"包括事法界、理法界、理事无碍法界、事事无碍法界。

安阳宝山灵泉寺高浮雕石刻

事法界:指我们的感觉器官所感知的这个现象世界,它森罗万象,变化无常。

理法界:指要凭借佛的般若智慧才能观照到的实相世界,即本质世界,它是真如法界,圆满不动,

---

① 《大宝积经》卷第十七,《大正藏》第 11 册,第 92 页。

清净无染。

理事无碍法界：即强调本质与现象圆融不二。前面分开讲事法界和理法界只是为了强调两者的区别，而不是说两者可以截然分开，其实事法界和理法界并不是分开的两个法界而是圆融无碍的。

事事无碍法界：即进一步强调现象界内部现象与现象之间也是圆融的。因为现象之间的区别只是表象不同，只是"假有"的差别，如果从其本质来看，森罗万象都是毗卢遮那佛的真如法身的体现，从本源来说是一样的。

2. 六相缘起

所谓的"六相"，是指"总相"、"别相"、"同相"、"异相"、"成相"、"坏相"。还以金狮子为例，狮子的整体是"总相"；狮子的五根即眼睛、耳朵、鼻子、舌头、身体为"别相"，这一对范畴讲的是整体和部分的关系；狮子的"总相"和"别相"在本质上都是相同的，都是真如的体现，这是"同相"；狮子的"总相"和"别相"在现象上都是各异的，这是"异相"，这一对范畴讲的是本质和现象的关系；"成相"指狮子的各部分如眼睛、耳朵、鼻子、舌头、身体等是构成狮子的必备条件；"坏相"是指狮子的各部分在狮子的整体中各自有其独立性和不同的功能，这反映了矛盾双方之间的相互转化。

"总相"中有"别相"，"别相"中有"总相"；"同相"中有"异相"，"异相"中有"同相"；"成相"中有"坏相"，"坏相"中有"成相"。六相之间圆融无碍，这就是"六相缘起"。

3. 十玄门

"十玄门"的"门"是指"法门"，引申为"方面"。就是说，要理解华严玄义，就要从以下十个方面进入。

（1）"理遍于事门"：即不可分割的本体（理）遍在于有差别的事物中，并且每一件事物中的理都是理的全部，而不是理的一部分。这与平时我们的经验有较大区别。譬如说，五个人分一个苹果，那么不可能每个人都分一个苹果，只能分得其一部分，但是"理"不是苹果，苹果是有形的，而"理"则是无形的，所以每件事物都可以分有一个完满的本体，佛家常用"月印万川"来比喻这种情况，在月光皎洁的晚上每个湖的湖面都有一个完整的月亮，但是作为本体的月亮并不会减少。

(2) "事遍于理门"：千差万别的"事"都有共同的本体(理)。

(3) "依理成事门"：现象都是以理本体为依据生成的。

(4) "事能显理门"：现象能够表现理本体。

(5) "依理夺事门"："理"能够包含所有的"事"，即现象。因为理是真如本体，而事是因缘和合的现象。这里"夺"是融摄、包含之意。

(6) "事能隐理门"："事"（现象）也可能表现为假象，曲折地或歪曲地表现本体，让人做出错误的判断。

(7) "真理即事门"：因为"事"都是因缘和合的假有，而"理"则为真实，所以从本质上说，"理"就是"事"。

(8) "事法即理门"：因为"事"都是因缘和合的假有，而"理"则为真实，所以从本质上说，"事"也就是"理"。

(9) "真理非事门"：因为"事"都是因缘和合的假有，而"理"则为真实，"真"与"假"不同，所以"理"不能完全等同于"事"。

(10) "事法非理门"：虽然"理"都是由"事"来表现的，但两者并不等同。

六、唐以后华严学的传承

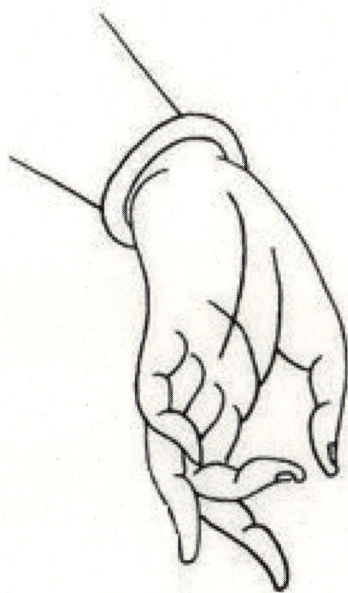

华严宗形成以后，受到了僧俗两界的充分重视，注释和弘传的人很多，法脉绵延不绝，流传至今。对其传承进行梳理，易于人们了解华严宗的历史。本章将唐以后华严宗的历史分为宋辽金元时期与明清民国时期两个阶段进行介绍。

（一）宋辽金元时期华严学的传承

相比唐代华严义学纷呈，唐以后华严学者则多是对唐代华严宗师们著作与观点的注释与弘传，在两宋主要是围绕三祖法藏的著作，如《华严五教章》，在辽代则是围绕四祖澄观的相关著作。对华严祖师著作的拣择，反映了南北方僧众所面临的不同环境和心态。

1. 宋代的华严学

明代宋濂在《佛心慈济妙辩大师别峰同公塔铭》中讲："圭峰传奥，奥之后又复废逸，朗现父子相继而作，补葺粗完"，说明玄珪真奥之后，华严宗的传承一度不明，直到海印月朗出现，法脉才振。

华严七祖海印月朗，也称"开明普朗"。清续法的《华严宗佛祖传》卷四《贤首宗乘独派传记》中记载："第七世，海印法师，名月朗，自号炳然，雍州万年县人(今西安)，专心《起信论》、《华严法界观》，因武宗会昌废教之后，佛教宗乘一时难振，(月朗)遥传五祖圭山奥法，嗣(嗣法弟子)昭信现。"从文中的意思看，月朗是直接学习宗密的遗著接法的。

侠名作者的《法界观门钞序》记载："朗师专业《华严》逾二纪矣，传其法于四方者不可胜数，余力通《圆觉》、《起信》及诸大乘经论。"文章的

道凭法师题记
(安阳岚峰山大留圣窟题记)

时间是"时皇宋至道元年(995)夏四月二十有六日序"。"二纪"就是二十年，可见月朗法师主要活动于宋初，弟子众多，分散于四方。①

华严八祖的名号，清徐自洙的《浙江天竺山灌顶伯亭大师塔志铭》中记载为"法灯"，清代云栖系记载为"法灯圆现"，其实就是《宋高僧传》中的东京开宝寺守真。开宝寺塔就是著名的开封铁塔，位于今河南大学后面。清续法的《华严宗佛祖传》卷四《贤首宗乘独派传记》中记载："第八世，昭信现法师，名守真，字法灯，俗姓纪，万年人。"根据《宋高僧传》记载，东京开宝寺守真曾被朝廷"赐号曰昭信焉"②。如此则华严宗八祖就是著名的开宝守真。《宋高僧传》中有详细记载，他是江西万年县人，俗家姓纪，唐末战乱，全家搬到四川，后来看破红尘出家为僧，师从海印月朗，学习华严教法，后来坐镇东京开宝寺，弘扬华严，也兼弘密法和净土，于开宝四年(971年)秋八月九日圆寂，享年七十八岁，僧腊五十三年。守真一生讲《起信论》与《法界观》七十多遍，嗣法弟子二十多人，度僧尼士庶三千多人，作水陆道场二十多遍，被后世尊称为"法灯法师"。

著名的开封铁塔就是北宋的开宝寺塔

宋代传播华严思想卓有成效的还有长水子璿(965—1038年)。子璿常住锡浙江嘉兴长水寺，因此被称为"长水子璿"(也有称子璇)。子璿的重要著作是《大乘起信论疏笔削记》二十卷，代表作则是《楞严经疏》十卷(今

---

① 《圆宗文类》卷二十二，《新纂续藏经》第58册，第562页上。
② 杨维中：《唐末五代华严宗的赓续新考》，《宗教学研究》，2014年第3期。

本《首楞严义疏注经》为二十卷），因"御史中丞王随序而行之，纸为之贵，赐号楞严大师"。子璿作为北宋华严祖师，其代表作是《大乘起信论》和《楞严经》，可见，宋代华严祖师顺着唐代祖师开创的中国化道路继续前进，华严宗也伴随着中国的历史进程进一步向中国文明的精神靠拢。子璿以研究、宣讲《楞严经》和《大乘起信论》为主，据说听其讲经者常近千人，是北宋颇有影响的义学僧人。

真正振兴宋代华严宗的是子璿的弟子晋水净源（1011—1088 年）。魏道儒教授总结其贡献有四：建立了永久弘扬华严宗的基地慧因寺；终生致力于华严典籍的收集和整理；提出了华严宗新的传法时系；以华严宗教义解释其他较为流行的佛教典籍，促动华严学在整个佛学中的运行。[①]

净源是福建晋江人，从学于子璿，学习《楞严经》、《圆觉经》与《大乘起信论》。后来官方把杭州慧因禅寺改为教寺，净源出任住持，从此慧因寺就成为弘扬华严学的永久道场。

经历唐武宗灭佛和唐末五代战乱，华严宗典籍损毁很多。宋哲宗元祐元年（1086 年），高丽王子出身的僧统义天来宋，学习华严教义，被有司送到杭州求教净源。义天在请教净源的同时，也带来了许多国内已佚失的唐代华严注疏，丰富了慧因寺的藏书。义天回国后，于第二年遣使送来《华严经》的三种译本一百八十卷，即《六十华严经》、《八十华严经》和《四十华严经》，净源建华严阁安置。他所整理和注解的，包括法顺、法藏、澄观、宗密等人的著作。净源收集唐代祖师的著作有：

（1）法顺的《华严法界观》。从澄观开始，《华严法界观》即被认定为法顺所作，此书在宋代为华严学僧所重视。净源改订重编了注疏本，即《法界观门助修记》二卷。

（2）法藏的《华严五教章》、《华严经义海百门》、《妄尽还源观》和《华严金狮子章》。关于《妄尽还源观》，北宋天台宗人认为此书是法顺作，净

① 魏道儒：《中国华严宗通史》，凤凰出版社，2001 年 5 月，第 225 页。

源在阅读唐裴休的《妙觉塔记》时发现，裴休认为此书是法藏作，又找出《妄尽还源观》中与《华严经义海百门》、《般若心经疏序》等相同的句子。从此，《妄尽还源观》被公认是法藏的著作。在考证《妄尽还源观》的基础上，净源于元丰二年(1079年)作《华严妄尽还源观疏钞补解》一卷。

(3) 澄观的《华严经疏》。

(4) 宗密的相关著作。熙宁七年(1074年)，净源著《原人论发微录》三卷。

据魏道儒教授考证，净源还有《注仁王护国般若经》四卷、《佛遗教经论疏节要》一卷、《华严普贤行愿修证仪》一卷、《圆觉经道场略本修证仪》一卷、《首楞严坛场修证仪》一卷、《肇论中吴集解》三卷和《肇论集解令模钞》等。[①]在北宋时期，净源可谓是接触唐代遗留下来的华严典籍最多的人。

净源受《起信论》的影响，并结合对法顺《法界观》和法藏《妄尽还源观》的理解，提出了马鸣为华严宗初祖说。《起信论》传为印度马鸣所著，因认为此论弘扬华严宗旨，所以立马鸣为华严宗初祖。另外，净源还认为

高丽义天入宋求法路线图

传说是龙树所撰的《十住毗婆沙论》与《起信论》性质相同，所以立龙树为二祖，加上从法顺到宗密的唐代五位祖师，即成"华严宗七祖"说，建立华严宗的新法系。为什么净源要建立华严学的传承谱系？陈永革教授认为，是为了和当时在南方异常强大的天台宗抗衡。[②]综合以上贡献，称净源为"中兴华严"的祖师是

---

① 魏道儒：《中国华严宗通史》，凤凰出版社，2001年5月，第229页。
② 陈永革：《论辽代佛教的华严思想》，《西夏研究》，2013年第3期。

名副其实的。当时高丽国王子、僧统义天法师，就曾到净源所在的慧因寺求学，归国后派人送来多部在会昌法难间失去的华严经典，在净源法师去世后，义天携带金塔，求净源法师的舍利子回高丽国敬拜。

北宋华严学的另一个大师是道亭，住锡湖州吴兴普静寺，代表作为《义苑疏》，是对法藏《华严五教章》的注疏。

南宋偏安一隅，华严宗的基地就是杭州慧因寺，净源的三传弟子师会（1102—1166 年）是领军人物。师会批评道亭的注疏主要依靠法藏之后的澄观和宗密的观点，不能如实理解法藏的本义，而他主要依据智俨和法藏本人的作品来注疏。

师会的弟子笑庵观复，著作颇多，如《五教章析薪记》五卷、《华严疏钞会解记》等，而以《五教章析薪记》影响很大。然而，师会并不同意观复的理论，著《华严一乘教义章焚薪》二卷，与其弟子辩难。

师会的另外一个弟子希迪，曾于嘉定十一年（1218 年）著《五教章集成记》六卷，现在还保存一卷，主要是总结关于《华严五教章》的研究成果。

北宋的道亭以及南宋的师会、观复、希迪后来被称为"宋代华严四大家"，他们的特点就是集中于对法藏《华严五教章》的研究，这也代表了宋代华严学的学术兴趣和方向。与此相比，位于北方的辽朝，在华严学的研究方面则表现出了不同的趋向。

2. 辽金西夏的华严学

契丹族是发源于东北的少数民族，原本主要信仰萨满教，于十世纪建立政权后，逐渐向南扩张，接触到了佛教。早期契丹政权对于佛教采取的是利用和限制的政策，但是在世宗、穆宗（947—969 年）时，佛教日益发展；到了景宗、圣宗、兴宗、道宗、天祚帝五朝（970—1121 年），辽代佛教则非常繁盛，表现在皇室对佛教的信仰已经无以复加，皇帝将观音、文殊、普贤等作为自己儿女的小名。如辽景宗为其子起名为"普贤奴"、"药师奴"，辽圣宗的小名为"文殊奴",①并且出现了以"佞佛"闻名的辽道宗,以至于后来的金人总结辽朝灭亡的教训,"佞佛"竟是罪状之一。

辽代华严学相比于南方的宋代,有自己的特点。陈永革教授认为,宋代华严学主要围绕法藏的作品展开,而辽代学僧则更重视澄观的作品,并且与宋朝华严学注重建立自己的谱系与特点不同,辽代的华严学则大胆地与密教、唯识、天台等融合,呈现出明显的圆融性。②南方宋代的华严学研究基地在杭州的慧因寺,而北方的重心则在五台山地区。

辽代华严学的第一个大师为郎思孝,主要活动于辽兴宗时期。金代王寂的《辽东行部志》记载,郎思孝早年从儒,曾中进士科,后来到郡县任职,之后看破红尘,出家为僧,著述很多。据袁志伟的考证,郎思孝主要是对《华严经》、《涅槃经》、《法华经》、《般若经》、《宝积经》及密教等的注释,研究视野很宽。③盛名之下,引起辽兴宗耶律宗真的注意。《辽东行部志》记载:"兴宗每万机之暇,与师对榻","尝赐大师号曰崇禄大夫守司空辅国大师",是皇帝面前炙手可热的人物,活动于辽上京临潢府(今内蒙古巴林左旗)。郎思孝曾在辽东觉华岛海云寺从事著述,著作后编为《海山文集》,所以后来也被称为"海山大师郎思孝"。

辽代华严学的大师还有鲜演。袁志伟根据1986年在巴林左旗发现的鲜演墓志,考证其可能生于辽兴宗重熙九年(1040年),卒于1112年,享年七十二岁。④其在华严方面的代表作为《华严经玄谈抉择记》,但也有对唯识、戒律、密法等的研究著作,充分体现了辽代学者融合各大学说的圆融性。鲜演活动的时期,恰好是以佞佛闻名的辽道宗时期。辽道宗本身对《华严经》就很有研究,著有《华严经赞》、《华严经五品》、《华严经随品赞》

---

① 魏道儒:《辽代佛教的基本情况和特点》,《佛学研究》,2008年。
② 陈永革:《论辽代佛教的华严思想》,《西夏研究》,2013年第3期。
③ 袁志伟:《辽代华严思想研究》,西北大学2011年硕士论文,第15页。
④ 袁志伟:《辽代华严思想研究》,西北大学2011年硕士论文,第16页。

等，①因此对鲜演十分器重。大安五年（1089 年），道宗加封鲜演为"圆通悟理大师"封号。辽代末代皇帝天祚帝耶律延禧时期，鲜演受到皇室的重视有增无减，其某些弟子都被赐予紫衣，其某些俗家弟子也凭借鲜演而登上高位。

辽代最为兴盛的佛教为华严宗和密宗，有些密宗大师对华严学也很重视，知名的有觉苑和道殿。觉苑曾参与大辽《大藏经》的编写，他多方论证华严义理和密教理论的一致性，比较华严字咒与密教种子字的关系，运用华严"一多"关系来阐述密教诸尊的关系，他的著作是唐以后华严学发展的新动向，开创了宗密以后南宋诸家融合华严与禅之外的新思路。道殿的代表作为《显密圆通成佛心要集》，主要为沟通华严和密法，他主要修准提法门。觉苑曾发现了唐一行法师的遗著《大日经义释》，大力弘扬，由于一行法师主要传承的是胎藏密法，故而有辽一代，密宗大师祖述的主要是善无畏、一行的传承系统，其与华严理论的沟通，也主要在此系统进行。

金代统治者汲取辽代皇室佞佛的教训，对佛教采取了利用与限制的政策，禁止私自建立寺庙度僧，但金承辽代的遗绪，华严信仰仍在继续。今呼和浩特万部华严经塔，初建于辽圣宗统合二年至太平十一年（984—1031 年），辽金战乱之际被毁，金大定二年（1162 年）重建，塔内发现金代题记很多，作者来自北京、大同、太原、宁夏固原、开封等地，反映了华严信仰在民众中仍有很大的影响。②但随着后

华严种子字与密教种子字一致

唐以后华严学的传承

---

① 袁志伟：《辽代华严思想研究》，西北大学 2011 年硕士论文，第 8 页。
② 李逸友：《呼和浩特市万部华严经塔的金元明各代题记》，《内蒙古大学学报》，1977 年第 3 期。

期财政紧张，金朝也用出售度牒的办法筹集资金。

由于缺少来自朝廷的支持，华严学在金代并不繁盛，没有出现大师级的人物，金代较为发达的是禅宗，临济和曹洞都有发展，到了元代的时候，华严学才再次迎来转机。

华严学在西夏地位很高，学者研究表明，西夏存在着"自上而下"的官方佛教系统以及"自下而上"的民间佛教系统，而华严学即属于西夏官方倡导的佛教信仰。俄罗斯的索罗宁教授认为："现存黑水城的资料足以证明，西夏皇室和官方佛教中华严信仰之地位较高，可以把它视为'国家仪轨体系之主干'，并且可视为'皇室信仰'的一个侧面。"[①]

据索教授的研究，西夏之华严信仰主要来自辽朝，传承的主要是澄观的系统，与宋朝主要传承法藏系统的情况并不一样，并且西夏的华严学有以下几个特点：其一，华严和净土信仰的结合；其二，华严和弥勒信仰的结合；其三，华严信仰与藏传密法的结合。

在西夏晚期，藏密大量传入西夏，基于汉传佛教的官方佛教逐渐瓦解，华严学也逐渐衰落。

3. 元代的华严学

蒙古初期各帝虽然对佛教、景教各有偏爱，但一般对各种宗教都给予尊重。元初禅宗里的曹洞宗大师万松行秀，由于和成吉思汗时期的重臣耶律楚材攀上关系，在蒙古初期很是兴盛，其弟子雪庭福裕开创了曹洞宗少林寺系，在元代异常繁盛。忽必烈建立大元后，对佛教更加崇信。《佛祖统记》卷四十八记载，忽必烈尝对臣下言："朕以本觉无二真心治天下，如观海东青取天鹅心无二，故自有天下，寺院田产二税尽蠲免之，并令缁侣安心办道。"忽必烈时代，元代统治者开始崇信藏传佛教，由于藏传佛教对显教经论也很重视，其中许多和汉地经论相通，因而受其影响，元廷对禅宗那种不重视经典，不尊崇偶像，倡导独立自主、自我解脱的理论非常不满，

① ［俄］索罗宁：《西夏佛教之系统性初探》，《世界宗教研究》，2013 年第 4 期。

定下了"尊教抑禅"的基本政策，开始以行政力量干预佛教的发展，于是华严学也迎来了新的转机。

《佛祖历代通载》记载："帝（忽必烈）平宋已，彼境教不流通，天下拣选教僧三十员，往彼说法利生，于是直南教道大兴。"皇帝派三十名教僧到南方弘教，所教的内容主要是《华严经》、《法华经》、《金刚经》和《唯识》。于是在朝廷的干预下，汉地佛教出现了"禅学浸微，教乘益盛，性相二宗，皆以大乘并驱海内"的局面。

（1）元代北方华严宗的重镇：京师与五台山。

元代华严宗在北方以大都和五台山为弘法基地，相比之下，五台山华严宗的传承更为引人注目。

京师大都方面，以妙文和德谦为代表。妙文（1237—1319年），俗姓孙，年少出家，二十一岁到元大都学习华严教理，三十二岁开始讲法。妙文批评唯识学"囿于名数"、"株守文字"，力主以华严圆教"荡涤情尘"、"融通寂照"，并受到忽必烈的赏识，诏居京师宝集寺。但是晚年妙文则倾心于净土念佛三昧。

德谦（1267—1317年），俗姓杨，甘肃宁县人，幼年就出家，在各地访学，后进入大都，学于"拣坛主"，这是一位重视华严的大师，受到皇帝忽必烈的尊崇，德谦受到这样一位大师的器重，很快就在京师站住了脚跟，先后住万宁寺和崇恩寺弘法。德谦修学《圆觉经》、《楞严经》、《唯识》、《四分律》，其学带有综合性的特点，大约是以华严为基础综合其他义学。

相比于元大都，五台山华严宗的成就更大。由于元代统治者和藏僧都认可五台山是文殊菩萨的道场，因此对五台山非常重视，故而此地聚集了一批专门弘扬华严的僧人。代表人物有善柔、定演、正顺、文才、了性和宝严，其影响已经不止于五台山，而是扩展到了整个北方地区。

元代五台山的第一位大师是善柔，俗姓董，七岁出家，二十岁学习华严教义，受到蒙哥大汗的重视，加封"弘教通理大师"，命其到五台山办华严法会，并在京师开讲《华严经》，属于联系京师大都与五台山的僧人。善柔弘法颇有热情,《补续高僧传》卷四记载:"经之缺者,勤而补之;寺之废者,撤而新之。……自是门人加进,法道半天下矣。"

龙川行育法师(? —1293 年),是女真人,原名纳合行育,是善柔的嗣法弟子,元初任白马寺住持。蒙古宪宗蒙哥大汗于公元 1258 年召集佛道两家辩论《老子化胡经》的真伪,由忽必烈主持,龙川法师因辩才出众而被赐红色僧衣,加封"扶宗弘教大师"的称号。世祖至元七年(1270 年),帝师八思巴召集僧众登台演法,龙川表现出众而受到帝师的器重,后被授予总摄江淮诸路僧事。1272 年,龙川法师到长安为华严四祖澄观重修舍利塔。元代编录藏经时,龙川法师被聘为"证义"。①

八思巴帝师

至元七年(1270 年),帝师八思巴在演法时问诸僧,佛教什么时候传入中国的哪个寺庙?扶宗弘教大师龙川行育法师告之以永平求法之事,并提出了重修白马寺的请求。当时在场的白马寺僧行政也同时提出请求,八思巴欣然同意,并上奏忽必烈,让他统领白马寺的修建之事,但由于当时百废俱兴,各地寺庙都在恢复中,龙川法师到处化缘,忙了一年却未能筹到多少钱财。八思巴听说了此事,并让胆巴负责,胆巴上书请求皇帝允许借用护国仁王寺在河南的地产来供给建寺所需的费用,皇帝允许了。当时的"裕宗文惠明孝皇帝",即太子真金,也出钱资助,这样,才开始了大规模的建设。重建后的白马寺规模为"殿九楹,法堂五楹,前三其门,傍翼以阁,云房精舍,斋庖库厩,以次完具,位置尊严,绘塑精妙,盖与都城万

---

① 洛阳市地方志编纂委员会:《白马寺·龙门石窟志》,中州古籍出版社,1996 年 6 月,第 28 页。

安、兴教、仁王三大刹比绩焉"，成为当时与大都三大寺比肩的大寺庙。

　　龙川行育于至元三十年(1293年)圆寂。最后交代弟子说，清凉祖师(澄观)曾说，天明不能代替夜里的黑暗，慈母不能保护身后的孩子，我现在要走了，不知道什么时候还能和你们见面，希望你们各自勤勉，一起维护祖刹白马寺。

　　五台山的华严僧还有定演(1237—1310年)。定演先是在五台山崇国寺弘扬华严，后来受到忽必烈的重视，加封"佛性圆融崇教大师"，至元二十四年(1287年)，又在元大都建立崇国寺，作为在京师弘扬华严的基地。他也是沟通京师和五台山的僧人。

　　元代五台山的华严僧还有正顺法师，俗姓高，河北蔚县人。他在五台山"结庐深树间，屏绝诸缘，唯读《华严经》，数满千部"。正顺依《华严经》修禅定："于岭头建大阁，阁下为海水，出大莲花，花上坐毗卢遮那佛满月像，每对佛入观，五七日方起，故人以华严菩萨称之。"正顺所观之像，与少林寺毗卢阁(白衣殿)的造型几乎完全一样。正顺这样的苦行僧，有深厚的群众基础，这也使得他有拒绝元政府的底气，据记载元成宗慕名三次征召正顺，他都不应。

　　元代五台山华严僧仲华文才(1241—1302年)，甘肃天水人，原在天水隐居，以松树筑屋，被称做"松堂和尚"。文才认为："学贵宗通，言欲会意，以意逆志为得之矣。"意思是语言文字为糟粕，学习经论不可被文字所执，要重在得言外之意和会通，如果在文字上执拗，就成穿凿附会，不能冥合于道。可见，妙文和文才的思想完全一致，大致代表了元代学僧的共同风尚。文才后被荐举为释源白马寺宗主。文才执掌白马寺期间，利用龙川法师的遗赠修建了佛、菩萨、天王像多尊，1299年，召天水著名匠师马君祥绘，极其精巧。早在元世祖时期，胆巴国师曾劝忽必烈在五台山绝境建立寺庙，计划未及实行而忽必烈崩，元成宗铁穆耳后来继承遗志，在五台山建佑国寺，因其为名山巨刹，非海内之望不能胜任住持之位，成宗遂命帝师迦罗斯巴寻找合适的住持，后帝师在京城见到文才，大喜曰："佑国寺得其人矣。"遂命文才兼任五台山佑国寺首任住持。文才推辞说："某以何德猥蒙恩宠，其居白马已为过甚，安能复居佑国？愿选有德者为之，幸怜其诚以闻于上。"国师曰："不可，此上命也，上于此事用心至焉，非汝其谁与居？此吾教所系，汝其勉之。"文才遂以洛阳释源白马寺宗主兼任五台山佑国寺首任住持，成宗赐号"清慧真觉国师"，并赐予金印。①大德六年(1302 年)文才圆寂。文才和尚著有《贤首疏》等，主要弘扬华严教理。

文才的弟子有宝严和了性。宝严，俗姓康，甘肃天水人，少年时因遭战乱，与弟弟一同出家。后来他到洛阳白马寺师从文才，学习非常刻苦，认为"学而不思，思而不学，都是为学之忧，学问之事，就需学而问之"②，因而深得文才的喜爱，多年跟随其到各地弘法。文才圆寂后，宝严继任佑国寺住持，成为文才的继承者。了性(？—1321 年)后来住在五台山普宁寺，为普宁寺的第一代住持。了性弘法甚为着力，他曾言："予本以一介比丘，蒙天子处之以巨刹，惟乃夙夜弘法匪懈，图报国恩不暇，余复何求。"③了性对于当时炙手可热的喇嘛僧，采取了不卑不亢的态度，不趋炎附势，属于有原则的华严学僧。

(2) 元代江南和云南的华严僧。

元代华严学的地域扩展到了云南地区，代表人物是雪庭普瑞。大理段氏执政时期，普瑞住在水月山，师从禅僧皎渊。元代初期，他住苍山再光寺，主要弘扬《华严经》。《新续高僧传》称他"虽印心南宗，恒阐华严为业"，就是说他虽然师承是南禅，但弘扬的却是《华严经》。由此看来，普瑞弘扬《华严经》可能是自学。普瑞著作颇丰，有《楞严纂要》十卷、《华严心镜》、《玄谈辅翼》以及《华严悬谈会玄记》，主要是用澄观的学说来解读《华严经》。

江南地区一直是华严学的重镇，元代也不例外。丽水盘谷，浙江嘉兴

---

① 杰英，文山：《元代五台山佛教史》，《五台山研究》，1987 年第 1 期。
② 杰英，文山：《元代五台山佛教史》，《五台山研究》，1987 年第 1 期。
③ 《大明高僧传》卷二，《大正藏》第 50 册，第 907 页中。

人，至元年间曾游历五台山、峨眉山、伏牛山、少室山，学习华严学，成名之后曾被邀请到杭州华严祖庭慧因寺讲述《华严经》，但晚年则归心净土。

与盘谷相比，浦尚是更为纯粹的华严宗人。浦尚（1290—1362 年），浙江嘉兴人，晚年自号"杂华道人"，"宗华严，志不忘也"[①]，元代后期曾受命住持多座寺庙，是颇受朝廷重视的僧人，获赠"慈峰妙辩大师"的称号。

元代江南还有华严僧古庭善学（1307—1370 年），曾学习过澄观的《大疏钞》以及《圆觉经》、《楞严经》、《起信论》等，同时对天台教法也很熟悉，著有《法华问答》《法华随品赞》等。他倡导华严与天台的融合，尤其注重将理论与禅定实践结合起来，他曾告诫弟子，"吾宗法界还源，非徒事于空言，能于禅定而获证入者，乃为有得耳。"就是说，我的学问并不是只讲些理论，能与禅定实践相契，才是真正学到家。他除了对华严有禅定亲证外，对天台也有亲证："吾早通《法华》，累入法华三昧。"古庭善学可谓江南华严学的巨匠。

元代江南地区的华严僧还有别峰大同（1289—1370 年），大同早年出家于会稽崇胜寺，师从春谷，学习华严教义，后来又随中峰明本学习禅学。明本很欣赏他，曾告诉他："贤首一宗，日远而日微矣，子之器量，足以张之，毋久滞此。"明本认为元末华严宗已经非常衰微，大同的学识，可以振兴此宗，勉励他担负起历史使命。大同谨记明本的教诲，后来到绍兴宝林寺，这是澄观法师曾经学习过的寺庙，大同在此弘法终生，至正年初（1341年）受封"佛心慈济妙辩大师"。大同晚年深受朝廷重视，他本人胸怀很广，也经常向朝廷举荐禅宗和天台宗的僧人。《补续高僧传》对其评价很高："独能撑支震耀，使孤宗植立于十余传之后，凡五十年。"意思是称赞大同法师独自承担延续华严宗乘的任务，培养的弟子延续五十年之久，为传承华严学做出了极大贡献。

---

① 《补续高僧传》卷四，《卍续藏》第 77 册，第 388 页中。

总的来说，有元一代，早期是五台山和云南华严学兴盛，中晚期华严学的中心则转移到江南地区。

（二）明清民国时期华严学的传承

1. 明代的华严学

明太祖的佛教政策，对于明代早中期华严学发展起了决定性的影响。明太祖规定所有的僧侣分为禅、教、讲三类，除了从事瑜伽事业的教僧之外，禅、讲诸僧只能在丛林中专事于禅修与经教的研习，这使得僧侣多被限制于山林之内，不能与世俗之间自由往来。这是导致明中叶以前，极少有与华严相关的高僧记载的主要原因。尽管如此，蛛丝马迹之间，还是可以知道些当时的情况。

明成祖朱棣

明初传承华严学的僧人中，京师地区著名的是栖岩慧进（1355—1436 年），别号"止翁"，山西霍州灵石人，俗姓宋，幼年经战乱父母俱亡，出家为僧，后入开封依古峰禅师，"究通华严宗旨，傍达唯识、百法诸论"（说明当时河南开封地区华严学仍有传承），之后受到明成祖朱棣的赏识，到北京住持海印寺，"被诏领袖天下僧众"，并于海印寺校勘《大藏经》。

明初云南地区知名的是法天无极（1333—1406 年），俗姓杨，云南大理人。他致力于融合禅与华严，"以宗印心，以教化人"，常讲的经典是《华严经》与《法华经》。曾到南京拜见明太祖朱元璋，受到朱元璋的称赞："其僧本生云南，学超土俗，经通佛旨，语善华言，诚可谓有志之人矣"，诏令他回到家乡化民导俗。无极法师徒众数百，嗣法弟子四十余人，在大理地区很有影响。

明中期弘扬华严的有山西地区的石室圆镜(？—1465 年)，山西汾州临县人，早年出家，"游心贤首讲肆，得悟诸经密旨"，后住锡隰州石室寺，深入华严三昧。

明代晚期，随着社会控制的松弛，原来的限制被逐渐冲破。种种迹象表明，晚明时期，华严学有了较大的复兴，修习、重视华严的僧人明显增多。按魏道儒教授的看法，这属于晚明佛教综合复兴的一部分。[①]北京地区的主要是古风和真圆。

古风法师(1511—1581 年)，河北保定新城人，俗姓宋，二十七岁出家，三十岁受具足戒，师从守心、无碍两位法师学习《华严经》、《圆觉经》、《楞严经》，得道后"随处建立华严、圆觉道场，岁无虚日"，可见是位热心弘扬华严的僧人。万历四年(1576 年)，明神宗修大慈寺成，请古风法师担任首位住持，并奉皇帝敕令编校入藏经典。《古风塔铭》记载："是时，海内沙门尽皆知师为大法幢矣。"[②]

遍融真圆(1506—1584 年)，字大方，四川营山人，二十九岁看破红尘出家为僧，早年可能学过禅学，曾到江西，住在马祖庵，后来归心华严，到京师"遍游讲席，深入华严法界，心念口演，不离此经"，平时则"默持法界观"。明神宗的母亲李太后所建的千佛寺建成后，礼请真圆法师担任开山住持。一日内阁首辅张居正前去问法，真圆回答："尽心祐理朝廷，此真佛法，舍此俱为戏论耳。"就连后来被尊为"明末四大高僧"之一的紫柏真可，也曾慕名去遍融法师那里访学，并留下当他的侍者。

明末佛教的复兴运动中，华严各派之间相互消长，最后形成了宝通、高原、云栖和雪浪四个法系。宝通、高原传于北方，云栖、雪浪则布于江南。

① 魏道儒：《中国华严宗通史》，凤凰出版社，2001 年 5 月，第 278 页。
② 任宜敏：《明代佛门教行杰望——贤首宗》，《福建论坛》，2006 年第 5 期。

唐以后华严学的传承

宝通系源自山西。五台山作为华严学传统的重镇，明末则有月川镇澄（1547—1617 年），被清代宝通系追认为华严宗第二十五世。镇澄常住五台山竹林寺，治学广泛，注疏涉及《楞严经》、《起信论》、《般若经》、《金刚经》、《摄论》、《因明》等，可谓涉猎广泛的义学僧人。他一生"三演《华严》，时出新义"，主要阐释的是澄观的学说，注重禅与华严的融合。镇澄的弟子颙愚观衡，后被宝通系追认为华严宗第二十六祖。观衡的弟子不夜照灯（1604—1628 年），开法于潞河（今北京通州区）宝通寺，是清代宝通系的实际创立人。

高原系则源自四川。高原明昱大师（1527—1616 年），明代四川蓬溪县人，号高原，明末唯识学者、名僧，明神宗万历年间（1573—1620 年）任四川蓬溪县崇因寺（今大英县隆盛镇崇英村崇音寺）住持。明昱一生以弘扬唯识为己任，万历年间，明昱为名儒王肯堂讲《成唯识论》，旁征博引，深入浅出，并将当时之讲义录成《成唯识论俗诠》十卷，流布于世，人皆争相传习。明昱另著有《相宗八要解》八卷，内容分别为《百法明门论赘言》、《唯识三十论约意》、《观所缘缘论会释》、《六离合释法式通关》、《观所缘缘论释记》、《因明入正理论直疏》、《三支比量义钞》、《八识规矩补注证义》等，可见，明昱大师是明末唯识学大匠，但因弟子后来转修华严，被弟子追认为华严宗高原系的鼻祖。

明末江南地区弘扬华严的有素庵真节、幻依祖住、明德法师、李贽、云栖袾宏、雪浪洪恩、憨山德清以及紫柏真可。后来成气候的是云栖系和雪浪系。

素庵真节（1519—1593 年），早年在京城学习华严教义，"深得贤首之印"，学成后回到南京栖霞寺，讲《华严大疏钞》以及《法华经》、《楞严经》等经典，主要依据的是澄观的论疏。

幻依祖住（1522—1587 年），俗姓杨，江苏丹徒人，十三岁出家，投朝阳和尚学习《华严经》、《法华经》等，后参访少林寺与伏牛山，再到京师北京谒松、秀二师，"尽得清凉宗旨"，后来到镇江住锡万寿寺，讲《华严大疏钞》，影响很大。万历十二年（1584 年）后，幻依祖住居住在苏州莲花峰下，享年六十六岁，著名才子王世贞为其题写塔铭。

明德法师（1531—1588 年），早年学习瑜伽教，后来去参禅，最后学习《楞严经》等，因读《华严经合论》而可以"登座阐华严奥旨"，常住嘉兴东禅寺，先后讲过《华严玄谈》、《华严大疏钞》以及《圆觉疏钞》等，继承的是李通玄、澄观和宗密的华严学。对于当时豪强"挟妓游僧寮"的恶举，他"会众逐之，无所顾惮"，坚决维护佛门的清净与尊严。

晚明的思想家李贽（1527—1602 年），对《华严经》也很重视，著有《华严经合论简要》四卷，主要是依据李通玄的注释去理解经文，同时也继承了华严禅的思路，将《华严经》里的"真心"理解为自己倡导的"童心"，强调振奋主体精神，追求自我解脱，在社会动荡之际不求外力，依靠自身。

云栖袾宏（1535—1615 年），俗姓沈，名袾宏，字佛慧，别号莲池，因久居杭州云栖寺，又称云栖大师。莲池大师因弘扬净土宗贡献颇大，被后世尊为中国净土宗第八代祖师，但他治学广泛，有关华严的有《华严感应略记》、《楞严摸象记》等著作，其弟子中有不少修华严的学僧，后来尊其为华严宗云栖系的祖师。

明末著名的高僧雪浪洪恩（1545—1608 年），南京人，俗姓黄，十二岁在南京大报恩寺出家，礼无极明信为师，明信曾在报恩寺三次讲述《华严经疏》，七次讲《华严玄谈》，[①]是一位传承华严学的义学僧人。在无极明信的栽培下，洪恩十八岁就开讲佛法，后来可以抛开古注，按照自己的理解讲读经文，名气越来越大。这当然和晚明心学的风气不无关系，时称雪浪大师法席之盛，独步江南。其弟子后来形成华严宗雪浪系，主要流布于江南和云南。

雪浪洪恩的弟子很多，知名的有巢松慧浸（1566—1621 年）与一雨通润（1565—1624 年）。前者善于讲法，曾在镇江甘露寺讲法。后者则精于著述，

---

① 任宜敏：《明代佛门教行杰望——贤首宗》，《福建论坛》，2006 年第 5 期。

擅长作诗。在培养弟子方面，通润更加出色。一雨通润，俗姓郑，江苏苏州人，曾经隐居铁山五年，注释《楞严经》和《楞伽经》，称所居茅舍为"二楞庵"，培养出知名弟子汰如明河与苍雪读彻。

汰如明河(1588—1640年)，早年曾在宝华山与南京报恩禅院讲法，后因感叹自宋以后僧传阙如，发心编写宋以后高僧的传记。为此他奔走各地，寻找碑石，并请苍雪读彻在云南与两广代为网罗，在广泛涉猎的基础上，编成《补续高僧传》，临终前还嘱托弟子道开继承其遗志，把工作做完。在他去世七年后，《补续高僧传》完成了，这是明末高僧留下的珍贵财富。

苍雪读彻(1588—1656年)，号南来，俗姓赵，云南呈贡人。读彻自幼从鸡足山寂光寺水月儒全为师，担任侍者。年十九，他慨然远游，遍参诸方大德，曾到南京去参访雪浪大师，雪浪圆寂后，巢松慧浸在镇江甘露寺开讲，读彻在座听讲，年终写出自己的心得，慧浸深感惊奇。接着读彻又到铁山，受一雨通润法师衣钵，与汰如并为入室弟子。崇祯三年(1630年)于苏州中峰山建中峰寺，开讲《华严经》。每当开堂，听众云集，被誉为华严宗匠。读彻虽远游在外，仍时时不忘鸡足山，有《送唐大来归滇》诗："小艇难禁五两风，鸡山有路几时通，殷勤为我传乡信，结个茅团在雪中。"

苍雪读彻与董其昌、吴梅村等交好，王渔洋曾说："近日释子诗，以滇南读彻苍雪为第一。"吴梅村说："其(苍雪)诗之苍深清老，沉著痛快，当为诗中第一，不徒僧中第一也。"苍雪大师不仅诗文出色，还是很好的书法家和画家。云南博物馆藏的《雪山行旅图》，据云南中峰艺术研究会会长宋辞考证，是中峰苍雪二十四岁时的作品。

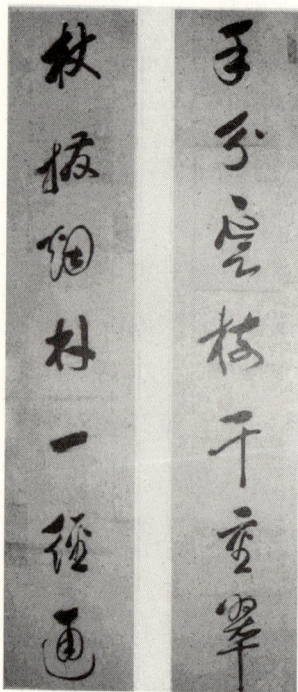

苍雪大师的书法

苍雪与晚明名士钱谦益关系最好。一雨通润(苍雪之师)、汰如明河(苍雪同门)圆寂后的塔铭都是苍雪委托钱谦益撰写的,并且他付嘱弟子请谦益为他身后撰写塔铭。

雪山行旅图

苍雪曾应见月律师请,在宝华山讲《楞严经》,因老病需人扶持,但登座开讲,声音洪亮,讲至第二卷,力不能支,命弟子代讲,卧病不起。涅槃后,见月护龛归葬,建塔于中峰寺后二百步,钱谦益撰《中峰苍雪法师塔铭》。

苍雪圆寂后,江浙名士作诗悼唁的很多,吴梅村悼诗一首:"说法中峰语句真,沧桑阅尽剩闲身。宗风实处都成教,慧业通来不碍尘。白社老应空世相,青山我自笑诗人。纵教落得江南梦,万树梅花孰比邻?"

"明末四大高僧"里,憨山德清与紫柏真可虽为禅宗僧人,但由于他们认为不能不知佛法义理而空谈心性,应当结合经论而参禅,故而对于华严学的传播也有贡献。憨山德清(1546—1628年)曾著《华严经纲要》八十卷,卷帙浩大,主要是根据李通玄的《新华严经论》进行总结,针对当时僧人居士素质不高、看不懂唐代注疏的现状,以比较通俗的当代语言再次注释《华严经》。憨山的注释对《华严经》的传播有一定帮助。

紫柏真可(1543—1603年),俗姓沈,江苏吴江人,性格刚烈勇猛,慷慨具侠义气。十七岁辞亲远游,本欲从军,立功塞外,途经苏州,因大雨不能前进,投宿虎丘云岩寺。那天晚上,真可听见寺僧唱诵八十八佛名,心有所动而出家,师从虎丘明觉禅师。明末思想界中,普遍存在三教同源的思想,佛门的高僧多兼通外学。紫柏真可也不例外,他不但主张儒、道、佛一致,也不执守佛教的一宗一派,而是融会性、相、宗义,贯通禅教。

真可曾巡礼五台山，著有《文殊师利菩萨传》、《礼北台文殊菩萨赞》、《早春谒李长者著论处》、《华严岭诗》、《登方山(李通玄住过)歌》、《持华严偈》等。真可对"华严四法界"说非常重视，尤其是"事事无碍"理论，认为这是华严学的根本宗旨，也是解脱自在的标准。

2. 清代及民国时期的华严学

云栖系在清代的代表人物为德水明源与灌顶续法。德水明源是清初弘扬华严的僧人，为云栖系华严宗第二十九代祖师，号宝轮，字乳峰，著有《华严别行经圆谈疏钞记》十二本、《楞严经序释圆谈疏》二十五本、《贤首五教仪》六卷、《科注》四十八卷、《起信论疏记会阅》十本，以及《五教解消论》、《论贤首未知圆义解》二篇。他的嗣法弟子是灌顶续法。

清太祖努尔哈赤

续法(1641—1728 年)，字柏亭，号灌顶，浙江杭州人，俗姓沈，九岁出家，属于清代前期以弘扬华严为己任的义学僧侣，曾著《贤首五教仪》六卷，但开讲后发现学僧听不懂，就又略为《五教仪开蒙》一卷。其著作还有《贤首五教仪科注》四十八卷、《华严别行经圆谈疏钞记》十二卷、《贤首五教断证三觉拣滥图》一卷、《法界颂释》一卷、《法界观镜纂注》二卷、《法界宗莲华章》一卷、《华严镜灯章》一卷、《法界宗五祖略记》一卷、《贤首十要》二卷、《华严宗佛祖传》十四卷等。如本章第一节中，我们就是依据续法的《华严宗佛祖传》，才理清唐到宋初华严宗的传承历史的。

清代统治者重视宋明理学，佛教进一步边缘化。出家为僧的多数是文盲，迫于生计不得已而为之。这种情况致使华严义学很难推广，更遑论普及了。续法曾于康熙十四年(1675 年)讲《贤首五教仪》一遍，"听众茫然不解"；康熙二十年(1681年)再讲一遍，"众亦不知教观之义之始终"。因此他写出了简单的略本《五教仪开蒙》，介绍粗浅的华严学知识。这种严峻的局面也有禅宗的影响："浮狂者诋为葛藤，愚钝者视为砂石。"禅宗信众不屑于深入研究义学理论，也给华严学的传承带来困难。

清代华严宗宝通系的代表有不夜照灯、玉符印颗、达天通理。

不夜照灯(1604—1682年)，为明末颛愚观衡法师的弟子，后定居于今北京通州区的宝通寺，开创了华严宗宝通系。其弟子玉符印颗(1633—1726年)，山东乐陵人，俗姓张，曾到禅宗玉林通琇、木陈道忞等处参学禅宗，力图打通阐教。康熙十三年(1674年)，回到宝通寺弘法。弟子波然海旺、滨如性洪、有章元焕三支法脉都绵绵不绝，延续清代始终。[1]其中，以有章元焕的支系成就最大，其弟子就是清代著名的华严宗师达天通理。

通理(1701—1782年)在京城就学于有章元焕，史载："深得秘要，遂发明十宗五教之旨，不遗余力。"[2]他著有《五教仪开蒙增注》五卷，在传播澄观的《华严经疏》方面有贡献。

综合华严宗千年的历程，我们认为，唐代祖师开宗立派，动辄数百卷论疏的情况，到宋代就已经难以为继；宋元明时期，祖师们尚可以对信众讲解唐代祖师的作品；但到了清代，讲解唐代经典都进行不下去了，只能讲些"开蒙"之类的知识简介。到了清代晚期，社会危机加重，内忧外患导致佛教异常衰败，法师们就连写"开蒙"之类的简本也做不到了。

否极泰来，鸦片战争之后，清朝的统治逐渐衰亡，社会控制的松弛、外来思想的传入，也给几近衰绝的华严学带来了转机。尤其是大量的佛教经典得以从海外回流并刊印流通，给华严学的研究注入了新的生命力。一大批优秀的华严僧人在此时涌现，他们纷纷以讲习经论、探讨义学、校勘经典、创办僧学等方式来实现复兴宗门的理想。著名的有月霞、应慈、慈

---

① 任宜敏：《中国佛教史·清代》，人民出版社，2015年5月，第539页。
② 喻谦等：《新续高僧传》卷十，《高僧传合集》，上海古籍出版社，2011年12月。

舟、常惺、智光、霭亭、南亭、持松、可端等。其中月霞法师是近代华严宗复兴的领军人物。

近代华严中兴开创者月霞法师

月霞（1858—1917 年），湖北黄冈人，俗名胡显珠。月霞幼习医，后出家，得常州天宁寺治开和尚器重，承其法嗣，栖心华严宗学，专弘华严宗义，曾创办过江苏僧师范学堂及华严大学，培育僧才，对后世颇有影响。尤其是华严大学，先后受教者三百余人，华严奥义，由此昌明，亦称"江下贤教，从斯再畅"。近代华严宗复兴的代表人物大都毕业于该校。月霞堪称近代中兴华严第一人。月霞法师于 1917 年冬季，在杭州西湖玉泉寺圆寂。

"华严座主"应慈法师（1873—1965 年），俗姓余，名锋，号振卿，晚年号拈花老人、虞山翁。应慈法师原籍安徽歙县，上代迁居江苏，清同治十二年（1873 年）出生于江苏泰州，二十三岁于普陀山出家，早年随月霞专研华严宗。1917 年，应慈随月霞法师至常熟破山兴福寺办华严大学，1925 年创清凉华严学院，1954 年起任上海佛教会会长，1957 年被选为中国佛教协会副会长，1962 年任中国佛教会会长，1962 年任中国佛协名誉会长。应慈一生专弘华严经教，为近现代与月霞齐名的著名华严宗传人。

应慈以讲解华严经典著称，其一生共讲《四十华严经》四次，《八十华严经》三次，《六十华严经》一次，八十卷《华严悬谈》三次，二十卷《华严探玄记》一次。应慈法师还和蒋维乔等居士校勘发行了华严宗的重要论典——《华严经疏钞》，这部集华严思想于大成的论典对华严门人系统研究《华严经》意义十分重大。①

---

① 韩朝忠：《近代华严宗发展研究（1840—1949）》，吉林大学 2015 年博士论文。

慈舟(1877—1958 年)，俗姓梁，出家后法名普海，字慈舟，湖北随州人，清光绪三年(1877 年)生。1914 年，慈舟考入月霞法师创办的华严大学就读，随月霞法师专究华严教义。1920 年，早年从上海华严大学毕业的三位同学——了尘、戒尘和慈舟为了继承师父遗教，在汉口九华寺内创办了"华严大学"专弘华严教义。慈舟法师的思想，主要是慈舟融会净土念佛法门与华严义理，提出了"圆解念佛"的理念。

慈舟法师

常惺、智光、霭亭和南亭四位法师以创办僧学而为后世所敬仰，其中常惺法师是应慈法师最得意的弟子，曾辅助太虚法师创办闽南佛学院，并同南亭法师一起创办了光孝佛学社，培育僧才无数。智光法师在镇江定慧寺所办的焦山佛学院人才辈出，近代高僧星云法师也曾于此求学。霭亭、南亭二位法师则分别创办了竹林佛学院与泰县光孝佛学社。新中国成立后南亭法师赴台北创办了华严莲社，至今该学社依然培育着大量优秀的华严人才。[1]

持松、可端两位法师也在会通华严义学与其他宗派的义理方面做出了积极的贡献。其中，持松法师融会华严与真言二宗而创"贤密"真言宗，可端法师则以"贤台圆融"作为自己毕生的修学归宿。

智光(1889—1963 年)法师，俗姓孙，江苏泰州人，主要在台北弘扬华严宗。出家后听闻月霞大师在上海海潮寺创办华严大学，智光前往就读，学习华严教义，深有领悟，曾撰有《华严大纲》一书。1934 年智光任镇江焦山定慧寺住持，并创焦山佛学院；1949 年赴台北；1952 年，其弟子南亭在台北创立华严莲社，迎请长期供养，任华严莲社开山导师，历讲《华严

---

① 韩朝忠：《近代华严宗发展研究(1840—1949)》，吉林大学 2015 年博士论文。

经》等大乘诸经。

南亭(1900—1982 年)法师，俗姓吉，江苏泰州人，十岁时依智光和尚剃度出家，1949 年到台北，是华严莲社的创立者。1952 年，南亭在台北创建华严莲社，成立华严诵经月会，每月集会两次，以农历初二、十六为会期。每次除诵经外并开示经中要义，至今未断。他还经常举办佛学讲座，讲演大乘经论，唯以阐扬华严法门为主，故时人尊为华严宗主。1975 年，嘱托其徒弟成一法师成立华严专宗学院并受任导师，亲自为院内诸生讲《华严经》，著作集结为十二本的《南亭和尚全集》，1982 年 9 月 3 日示寂，享年八十三岁，建塔于台北县八里乡观音山。

七、祖庭的创立、沿革与现状

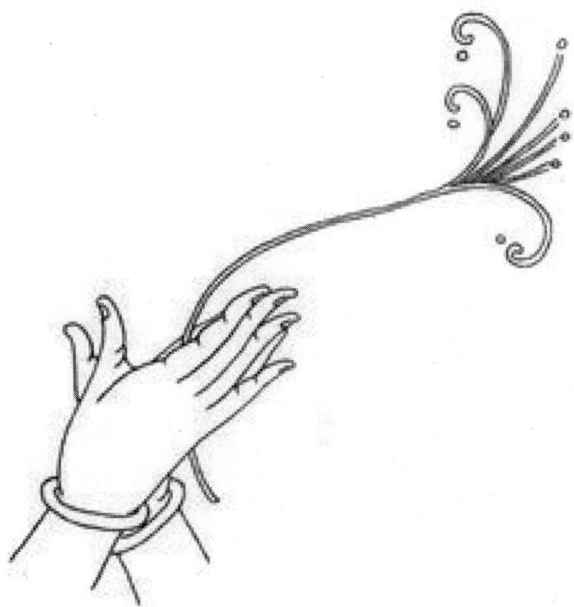

华严宗的祖庭，在西安的有至相寺、华严寺和草堂寺。至相寺是华严初祖、二祖、三祖创教时的经常驻锡之地，堪称华严宗的发源地；华严寺是几位祖师的舍利供奉地，其中初祖和四祖的舍利灵塔至今巍然矗立，祖庭之地位无与伦比；草堂寺是四祖澄观和五祖宗密的驻锡之地，在华严创宗历史上也具有重要的地位。山西五台山的显通寺，唐代称大华严寺，华严四祖澄观曾在寺弘法二十年之久，也被视为华严宗的祖庭。因为草堂寺同是三论宗的祖庭，将在《不二法门——三论宗及其祖庭》一书中专门介绍，故本章主要介绍另外三个祖庭的创立与沿革。

（一）华严祖庭至相寺

1. 至相寺的创立

至相寺位于西安南郊长安县的终南山天子峪，地势雄伟，形状如龟，下有泉水汇流。寺院处于龟背之上，居高临下，视野开阔，后依突起之龙背，前对挺立之驼峰，左倚龙首，右临伏虎，负阴抱阳，瑞气葱葱。远望东方之群山，层峦叠嶂；向北俯视秦川之沃野，历历在目。相传唐太宗李世民曾多次诣寺敬香（距寺四公里之山顶有避暑行宫"唐王寨"）。寺内有遗碑铭曰："终南正脉，结在其中"，故知此寺不仅是佛教著名古刹，也是终南古迹胜境。至相寺又名国清寺，

西安至相寺旁边的溪水

是我国佛教华严宗的发祥地之一，隋文帝开皇初年，由静渊法师始建。至相寺在隋唐时极盛，高僧辈出，后渐衰落，宋、元、明三代情况不明，清代称国清禅寺，成为曹洞宗的道场。

至相寺的创立者为静渊法师。静渊(544—611 年)，俗姓赵，陕西武功

人，十三岁出家。《续高僧传》卷十一记载：

> 承灵裕法师擅步东夏，乃从而问焉。居履法堂丞经晦朔，身服龊素摧景末筵，目不寻文口无谈义，门人以为蒙类也，初未齿之。裕居座数观异其器宇，而未悉其惠解，乃召入私室与论名理，而神气霆击思绪锋游，对答如影响，身心如铁石，裕因大嗟赏，以为吾之徒也。遂不许住堂同居宴寝，论道说义终日竟夜，两情相得顿写幽深。

(大意)听说灵裕法师在河南安阳地区弘法很有名望，就到邺城去皈依灵裕门下，向他问学。静渊法师在灵裕门下非常低调，穿的法服非常朴素，吃饭总是站在后面，也不看书，不谈论，大家都以为他可能脑子不灵光，都瞧不起他。灵裕坐在上面讲法时，总是看到静渊器宇轩昂，但却不知道他的见解，就把他召入内室，谈论义理，发现他谈吐不凡，对答如流，非常自信。灵裕因此大加赞赏，认为是自己的得法弟子，就不再让他在大堂里和众人一起上课，而是让他搬进内室，一同吃住，论道终日，师徒感情越来越深。

静渊法师德行高尚并且有献身精神。据说当初周武帝排佛时，他打算剜出自己的眼睛来供养佛祖，表示慧灯不灭，后被人劝止："属周武凌法，而戒足无毁。慨佛日潜沦，拟抉目余烈，乃剜眼奉养，以表慧灯之光华也。

西安至相寺的小门

然幽情感通，遂果心愿。"他的这种献身精神在当时很有影响力。和其师灵裕一样，静渊法师后来离开河南，回到陕西，后来他隐居到终南山，建立寺庙，收授徒弟，关中归附者很多，他建立的寺庙就是至相寺。灵裕后来奉皇命来到京师，才有时间来到静渊的至相寺。大家都十分高兴，皇帝又施舍钱财让修山路。至相寺原来的位置十分偏僻，听众来此非常不便。于是灵裕法师就观看终南山的风水，在终南山的西南找到了一块坡地，认为这是块福地，不仅仅是

月印万川——华严宗及其祖庭

因为众山连接，也因为山形像拱形，没有亏缺。静渊于是就将寺庙迁到了今天至相寺所在的位置。到现在已经五十多年了，不管是吉年还是凶年都能保证寺院的日常生活，真的就像灵裕所说的那样，这也是灵裕法师的先见之明。

在静渊法师生活的年代，《华严经》早已译出，很多学者都对该经十分重视，纷纷对《华严经》进行了注解，但是各家注解都不一样，时常让学僧们感到无所适从，华严学经过两百年多年的流传，需要一个华严学的稳定的研究中心。静渊法师德行高尚，管理出色。德行高尚为其提供了广大的信徒和布施群体，保证了财源收入；而出色的管理则能让得来的财物用到该用的地方，扩大寺庙的影响。静渊继承了其师灵裕法师兼容并包的管理思想，在他领导的至相寺，既有学识渊博的义学僧人，也有游荡于山林的苦行僧，还有游化于民间的神异僧。

初渊奉持瓦钵，一受至终行住随身，未曾他洗，终前十日破为五段。因执而叹曰：钵吾命也，命缘已谢，五阴散矣。因而遘疾。此则先现灭相，后遂符焉。及正舍寿之时，钟声无故嘶破，三年之后更复如本，此皆德感幽显呈斯征应，率如此类也。因疾卒于至相之本房，春秋六十有八，即大业七年四月八日也。弟子法琳，凤奉遗踪，敬崇徽绪，于散骸之地，为建佛舍利塔一所，用津灵德，立铭表志云。

(大意)静渊法师有一个瓦钵，跟随了他一生，没有让他人洗过，都是自己清洗，在临终前十天，瓦钵破为了五段。静渊法师叹道："瓦钵就是我的命啊，命缘已经散去，五蕴也散了，因而得病。这就是先有征兆，后有符合。"临终那天，至相寺的钟声不知怎的声音嘶哑，三年后才恢复响亮，这都是静渊法师的道德感动了幽冥，才会有这种异象。静渊法师圆寂在至相寺自己的房间，享年六十八岁，那是大业七年(611 年)四月八日。他的徒弟法琳在他的遗骸散落之地(可能按照当时的露尸葬，以尸体布施鸟兽)为他建立舍利塔，用来宣扬他的灵德。

2. 至相寺的历史沿革

至相寺一建立，就成为远近闻名的华严学研究中心，许多研究华严的高僧都向往之。

《续高僧传》卷二十七记载，高僧普安与至相寺关系非常密切。普安（530—609年），俗姓郭，陕西泾阳人，少年时代跟随普圆法师出家，其师普圆是一个苦行僧，修头陀行，但是他超越了其师，后来也注重义理的探究，在北周武帝排佛时期，他隐遁于终南山上，和至相寺的建立者静渊法师切磋华严玄义。据传普安有很多神异事迹，能移动巨石、降伏恶僧、治疗各种疑难杂症，甚至传说能够起死回生，这些都足以使他在民间有强大的影响力，甚至皇帝和官府对他都很忌惮。建德六年（577年），北周宇文邕灭佛，向来为朝廷所供养的北方地论师逃散至深山躲避，顿时落入衣食无着落的地步。而原来依靠神异获得百姓信奉的下层僧众由于和群众联系更紧密，并不畏惧官府。类似普安这样的下层神异僧，给予了流落山野的学问僧以很大的帮助。官府追捕僧人甚急，普安则以下层僧人领袖的身份出现，召集这些"京邑名德三十余僧"，将他们藏在终南山梗梓谷，就是至相寺所在的山谷，自己到外面化斋养活他们。有人将他送到京城，灭法的北周武帝却训斥该人："我下令不许僧人在民间，你却连山里都不让僧人住，你让他到哪里活呢！"下令将他放回山中。搜捕僧人的官员柳某带人到了梗梓谷，却故意装着看不见，就草草离开了。

后来隋文帝重兴佛教，梗梓谷里普安所藏的三十余僧都应诏出山住在官寺。只有普安法师还住在山林。开皇八年（588年），皇帝召请普安法师入京，帮助长公主修建静法寺，然后住在静法寺。大业五年（609年）十一月五日，终于静法禅院，春秋八十，遗骸于终南起塔，在至相寺之侧矣。

《续高僧传》卷十四记载智正法师曾在至相寺修行多年，并最终葬在至相寺附近。智正，俗姓白，定州安喜人。开皇十年（590年），隋文帝召名僧进京，智正与昙迁法师一起被召入京师，住在胜光寺。但智正不喜欢都市的烦扰，希望能进山修行，刚好终南山至相寺静渊法师知识渊博、德行高尚，智正就前往至相寺投奔静渊，在至相寺住了二十八年。智正法师隐居至相寺后就不再涉及人世，有人来谈论佛理就与之交流，无事时就安心止观。贞观十三年(639 年)智正圆寂于至相寺，春秋八十一，尸体布施鸟兽，弟子智现收拾余骨，在至相寺的西北岩建立石龛葬之。

《续高僧传》卷二十四记载弘智法师曾在至相寺居住，圆寂在至相寺，荼毗在至相寺旁。弘智法师，俗姓万，始平人，隋大业十一年(615 年)出家当道士。弘智到终南山修道，不吃饭而练气功，希望能够羽化成仙，最后饿得身体虚弱，心神不安，于是到京城静法寺向惠法师请教。惠法师讲：人的生命以吃饭为本，不吃饭就能延续性命的，都是无稽之谈。弘智法师听了之后觉得有道理，就在隋恭帝义宁元年(617 年)不再当道士了。李渊建立唐朝后，佛道二宗对峙，弘智法师请求隶属佛门，后来到终南山至相寺居住，讲《华严经》、《摄论》等。永徽六年(655 年)五月九日弘智在至相寺圆寂，春秋六十一。布施尸体于尸陀林，之后弟子收拾余骨，遵照他的遗命用火烧掉，建碑一区，陈于至相寺山外。

还有些著名法师虽然没有在至相寺住寺，但圆寂后都葬在了至相寺旁，说明至相寺对他们有很大的吸引力。如《续高僧传》卷九讲慧藏圆寂后，就葬在至相寺附近。慧藏，俗姓郝，河北人，十一岁出家，他广研众经，但以华严为主。北齐时期齐主武成帝曾降书邀请慧藏于太极殿开讲《华严经》。开皇七年(587 年)，隋文帝请慧藏法师入京，为当时皇帝所请的六大德之一。大业元年(605 年)十一月二十九日圆寂，享年八十四岁。尸体放于林间布施鸟兽，弟子将所余遗骨收集，在终南山至相寺前面的山峰下建塔。

《续高僧传》卷十一讲道宗法师也葬在了至相寺附近。道宗，俗姓孙，莱州即墨人，少从青州道藏寺道奘法师，学通经论。道宗主要研习《大智度论》、《十地经论》等，后来入住京师洛阳慧日道场，讲《成实论》，影响很大。王世充割据洛阳时，对道宗法师非常尊敬。唐朝建立后，将他请入长安，经常在宫内为皇室讲经。武德六年(623 年)道宗法师卒于所住，春秋六十一，收葬于终南山至相寺之南岩。

《续高僧传》卷十一记载，三论宗的创始人吉藏法师，圆寂后葬在至相寺北岩：

> 释吉藏，俗姓安，本安息人也。……奄然而化，春秋七十有五，即武德六年五月也，遗命露骸，而色逾鲜白。有敕慰赙，令于南山觅石龛安置。……乃送于南山至相寺。弟子慧远树续风声，收其余骨凿石瘗于北岩。

《续高僧传》卷十三记载，高僧慧因也归葬于至相寺附近。慧因，俗姓于，吴郡海盐人，早年学习成实学，后学三论，授业弟子五百余人，为南陈高僧。隋仁寿三年(603 年)建立禅定寺，召慧因法师充任上座。大唐建立后，慧因为十大德之一，左仆射萧瑀对其非常礼敬。贞观元年(627 年)二月十二日卒于大庄严寺，春秋八十九，"遂迁坐于南山至相寺"。

三阶教创教教主信行法师也葬在至相寺山下。《续高僧传》卷十六记载：

> 释信行，……春秋五十有四，即十四年正月四日也。其月七日于化度寺，送尸终南山鸱鸣之堆，道俗号泣声动京邑。舍身收骨两耳通焉，树塔立碑在于山足。有居士逸民河东裴玄证制文。

信行法师弟子裴玄证也葬在至相寺附近：

> 证本出家住于化度。信行至止固又师之。凡所著述皆委证笔。未从俗服尚绝骄豪。自结徒侣更立科网。返道之宾同所击赞，生自制碑具陈己德，死方镌勒树于塔所。即至相寺北岩之前三碑峙列是也。

信行法师的弟子们很多圆寂后都围绕信行法师建塔，后来形成了著名的百塔寺。

《续高僧传》卷十七记载，昙崇法师也葬在至相寺旁边。昙崇法师，俗姓孟，咸阳人，修律宗，世所崇敬，二百多弟子跟随学习。北周武帝宇文邕早年非常看重他，敕为陟岵寺主(即大兴善寺前身)。隋朝兴起后，召一百二十僧人敕住兴善寺，昙崇法师是其中之一。皇后曾赐予钱财，昙崇用之建立佛塔一座，四年造成，高十一层，是长安城最高的佛塔，隋文帝非常高兴，赏赐舍利六粒。开皇十四年(594 年)十月三十日昙崇圆寂，春秋八十，弟子五千余人送于终南山至相寺的右边，建立白塔。

《续高僧传》卷二十记载静琳法师也葬在至相寺旁。静琳法师，俗姓张，祖籍南阳，七岁出家，师父让他整日跟随下地干农活。静琳想，这和俗人有何区别呢？就离开老师到别处访学。隋朝建立后，他投昙猛法师为师，然后就在中原各地访学。后来听说山西沙门道逊、道顺是大德高僧，就去投奔。道逊与道顺留他为僧俗讲经，听众都很喜欢，但静琳法师却感到非常烦躁，他想：佛法本来就是为了对治烦躁的，为何会越讲越烦躁？意识到可能是定功不够，于是他到白鹿山去修习禅定，却得了昏睡病。为了对治昏睡病，他到悬崖边的一棵大树上禅定，如此才克服了昏睡的问题。后来他还到泰山修行，随后进入关中，遇昙迁禅师讲开摄论学。静琳法师一听昙迁法师所讲的内容自己都知道，意识到自己已经通达了佛教的所有内涵。仁寿四年(604 年)，下敕送舍利于华原石门山之神德寺。唐开国后，静琳法师主要讲《中论》与《维摩经》。贞观十四年秋静琳法师染病去世，春秋七十六。尸体被送于终南山至相寺火化，只有舌头烧不烂，再烧就更明净。

侍读兼翰林学士崔致远撰《终南山至相寺智俨尊者真赞》：

走者之麟，飞者之凤，犹我人杰，法门梁栋，雷吼一音，石排四众，六相能演，十玄斯综，后素图真，腾光化身，叶文耀掌，莲界栖神，镜挂尘表，灯传海滨，东林佛影，永契良缘。

这是称赞智俨法师对华严学的卓越贡献，甚至影响到了海外。这里讲的是智俨的新罗弟子义湘。义湘学成后回到新罗弘传华严，成为新罗华严初祖，号浮石尊者。后长寿年间(692—694 年)新罗胜诠法师回新罗，法藏还寄书给义湘说，咱们是前世的缘分，今生能够一同授业，学习华严经，智俨法师把他的著作传授给我们，希望我们光大华严学。但师父的注疏，文约义丰，以致后人很难看懂，因此我对老师的作品再加详细的释读，写成《义记》，让胜诠法师带到你处，希望得到你的批评。义湘于是闭门观看法藏的阐释，过了十天才出来。他招来自己的弟子真定和圆亮，以及元表、元训四人，告诉他们：法藏公让我开阔了眼界，你们让我有启发，我们各自努力，将华严学传遍新罗，这都是智俨大师加持的结果。

《华严经传记》卷四记载，居士樊玄智曾经拜至相寺的"整法师"为师父。樊玄智是泾州人，十六岁离家投华严初祖杜顺，杜顺让他读诵华严经，并依此经修普贤行，同时又服膺至相寺"整法师"，进入终南山，把华严经通学完毕。樊玄智曾在石窟中白天读华严经，晚上修习禅定，长达二十余年。到唐永淳元年(682 年)，有人看见石窟内有光，才发现居士已经迁化多时了。

据《咸宁长安两县续志》知，唐代至相寺还有静海禅师，时任宰相的裴休曾在此闭关，"尝与静海禅师谈玄于此"，留下裴翁洞，保留至今。

总之，至相寺是在北朝末年建立的，具体建立时间不详。建立者静渊

西安至相寺的闭关中心

清曹洞宗僧人的舍利塔

法师与普安法师在北周武帝灭佛时期住在终南山梗梓谷，为了接济逃到山里避难的义学僧侣，建立了至相寺。因为寺庙具有避难所的性质，所以位置很偏僻。后来隋朝建立，灵裕法师来到京师，劝静渊法师舍弃至相寺原来偏远的位置，搬到现在所处的位置。至相寺建成后，很快成为华严学的研究中心，高僧云集，围绕至相寺有十几位著名高僧的瘗窟或灵塔，并因信行法师在至相寺山下建塔院而形成了百塔寺。

唐以后至相寺的历史很不清楚，笔者曾到至相寺考察，发现有清代曹洞宗僧人的舍利小塔，清代的寺名是国清寺。

　　历史渊源使至相寺在韩国和日本的影响力非常大。改革开放后，韩国和日本修学华严的僧人和学者经常到中国来巡礼祖庭。韩国对于义湘曾留学的至相寺非常关注。1990年，韩国延世大学教授闵永硅先生，汉阳大学博士赵兴胤先生，报社记者郑淳台、权泰钧先生等，到西安寻访韩国华严祖庭，经过几年多次查访，终于在1995年找到了已更名为"国清寺"的原至相寺。同年八月，台湾大学张志忠教授与怀泽法师率众二十余人在寺内讲学《华严经》。1996年12月20日，韩国国立中央博物馆学艺研究室室长姜友邦先生率众九人，从山下至山上步行三公里礼拜至相寺。1997年1月15日，韩国福泉寺住持目光法师来寺朝拜；同年4月12日，日本东京大学博士华严学研究所所长小岛岱山先生来寺参拜，且表示愿为恢复至相寺尽力相助。所以，至相寺的中兴，不仅宗门中人翘首以待，对于建立与韩国的联系方面也非常重要。借此机缘，本智法师多方奔走，长安县政府遂将庙产归还寺院。此后，妙醒法师住持期间，亦竭力呼吁十方求助，于1996年、1997年两年得到至相寺活动场所的县级批复和二十九亩五分土地的归还政策落实。此间，海内外仁人志士及本土的游人香客也与日俱增。1999年长安县政府与王庄乡政府出面，聘请西安卧龙寺方丈如诚法师主持重建至相寺。为何请卧龙寺出面恢复至相寺？因为历史上这两所寺庙就有紧密联系。《咸宁长安两县续志》记载，清光绪二十年，卧龙寺方丈东霞禅师就"兼理寺(至相寺)事，竭力营构，一时托钵者极众"。

　　当时卧龙寺的方丈是如诚法师（1940—2013年），字果正，俗姓廖，1940年1月生于陕西礼泉县。如诚法师1960年皈依佛门，道心日增；1982年2月发心出

至相寺的恢复者如诚法师

西北最大禅林卧龙寺

家，在陕西乾县观音寺礼道清法师剃度；1983 年 5 月在山西五台山广宗寺依清海律师受具足戒；1987 年师主卧龙寺法席，发愿重建丛林，大振宗风，并得到香港宝莲寺圣一法师的帮助，弘扬禅门宗风，精严戒行禅规，领众坐香参禅，连年举行禅七法会。如诚法师亲自主七，于每年农历十月十五起七，一年举办十个精进禅七，把卧龙寺建成西北地区最大的禅林。

1999 年，如诚法师高瞻远瞩，在寺庙资金并不宽裕的情况下，毅然接手至相寺，节衣缩食，发愿重建终南山华严宗祖庭至相寺。大和尚一面兼理卧龙寺事务，一面竭力营构至相寺。从 1999 年 10 月至 2004 年 8 月历经五载，耗资八百余万，终于建成现在至相寺的规模，至相寺已经成为西安非常有名的禅修基地。寺院现有常住僧人近五十人，夏天住 80～100 人。为保持古禅风，寺院戒律精严，不做经忏；着重办禅堂，建闭关中心，为修行人提供用功办道之场所，以续佛慧命。同时，为了凸显华严宗祖庭的特色，除每年秋季举办"禅七"外，每年夏季领众诵《华严经》，举办为期三个月的"华严法会"。

现今至相寺为西安卧龙寺的下院，卧龙寺是西北地区最大的禅宗寺庙。华严与禅早在唐代就开始结合，形成了所谓的"华严禅"，并成为唐以后华严学发展的主流，这是人民的选择，是历史的选择。而今在西安，华严与禅再次结合，必能接续华严历史，开辟新的篇章。

西安卧龙寺方丈常礼法师

2016 年 5 月 19 日上午，西安卧龙寺隆重举行了常礼法师荣膺西安卧龙寺方丈升座庆典。常礼法师接任方丈后，对至相寺非常重视，现已投入巨资，大规模建设至相寺，华严祖庭至相寺已经走过了她最艰难的时刻，即将迎来新的开始。

3．至相寺现状

1）华严宗风殿

华严宗风殿其实就是平时所说的弥勒殿和天王殿。和一般的寺庙建筑格局不一样，至相寺的天王殿和山门是平行的，山门很小，但天王殿却很大。天王殿的前门直接临街，平时前门并不开，所以要想进去的话就要从后门进去。正如其他天王殿一样，迎着香客的正是那威风凛凛的金甲韦驮天，他以金刚杵驻地，表明该寺为子孙丛林，不是十方丛林。许多不明白的香客一见到韦驮天就以为他是天王殿的主尊，这是错误的，他只是佛教的护法神和僧人的保护神，主尊要绕到韦驮天的后面才能看到。该殿的主尊是弥勒佛。弥勒佛的两边是四大天王，持剑的是南方增长天王，韦驮天就是他手下的第一战将，抱琵琶的是东方持国天王，持伞的是北方多闻天王，拿蛇的是西方广目天王，分别代表风、调、雨、顺。

2）大雄宝殿

和其他寺庙一样，天王殿(华严宗风殿)—大雄宝殿—法堂殿也是至相寺的中轴线。沿着这一轴线的第二个大殿就是大雄宝殿。大雄宝殿内供奉的是常见的横三佛：中间的是释迦牟尼佛，手结印契；释迦牟尼佛的左边是文殊菩萨，头挽五个发髻，骑着青色的狮子，文殊的左边是东方药师佛，手捧宝塔；释迦牟尼佛的右边是普贤菩萨，骑着六牙白象，普贤的右边是西方阿弥陀佛，手捧明灯，手结无畏印，表接引往生者之意，佛的头上方飞舞着飞天，即我们通常所说的仙女，佛的旁边还侍立着吹笛子的乐神，估计是天龙八部中的紧那罗。至相寺的大雄宝殿与其他寺庙的大雄宝殿略有不同，一般大雄宝殿的两边侍立的是十八罗汉，但该殿的左边侍立的是以大自在天为首的天神，右边侍立的是以帝释天为首的天神。

3）观音殿

与传统的大雄宝殿两侧配文殊殿和普贤殿不同，至相寺大雄宝殿前配的是观音殿和地藏殿。观音是中国知名度最高的大菩萨，在中国民间享有极高的信仰度，不管是在汉传佛教里还是在藏传佛教里观音的地位都很高，甚至就信众来说，超过了释迦牟尼佛，这当然与他"闻声救苦"的大悲精神有直接联系。对生活于苦难中的人来说，远在涅槃中的释迦牟尼佛与出现在面前救苦的观世音哪个更值得崇拜，那是不言而喻的。至相寺观音殿中为千手千眼观音，千眼意味着他能够看到人间的一切疾苦，千手

至相寺观音殿

意味着他有能力同时救度无量众生。

4）地藏殿

地藏菩萨在中国民间享有极高的知名度和信仰度。人们对地藏的信仰除了有对其"地狱不空，誓不成佛"的大愿的敬仰外，还主要建立在对地狱的畏惧和对投生的担心上。地藏菩萨号称"幽冥教主"，司管地府，帐下有十方阎罗王分管不同类型的地狱，按佛教的说法，人死以后到再次投生之前，都要在此接受审判，对地府的恐惧，使得人们普遍觉得阎罗王和小鬼不近人情，而他们的上司地藏菩萨则面貌慈善，似乎可以通融，故而人们的投机心理也使得对地藏的信仰很兴盛。再者，地藏菩萨也司掌财运，大家都希望自己能够经济宽裕，故而地藏菩萨的地位一直在上升，至相寺设有专门的地藏殿就反映了这一点。

5) 虚云殿

虚云殿内供奉的是虚云大师。近代四大高僧为净土宗的印光大师、禅宗的虚云大师、律宗的弘一法师和没有明确派系的太虚大师。虚云大师(1840—1959年)，首先让人惊讶的是他的高寿——高龄120岁，完整地度过了中国的近代时期；其次让人惊讶的是他的法脉，他一身兼承禅门五家法脉，这在中国历史上恐怕是绝无仅有的。

虚云大师生于福建泉州，出生时母亲就去世了，后由庶母抚养长大。他十九岁出家。虚云"大行"时，意志坚强，1882年，四十二岁的他徒步到普陀山礼拜观音菩萨，又三步一拜到五台山朝拜，差点冻死在黄河边，历时三年；1884年又徒步去四川礼拜普贤菩萨，然后顺川藏古道进入西藏，礼拜昌都德钦寺，到拉萨朝拜大昭寺，到日喀则朝拜扎什伦布寺；1889年再经西藏进入不丹，经印度又进入锡兰，即今天的斯里兰卡；1890年7月经缅甸回国，第一次路过云南，在1893年五十三岁时去九华山礼拜地藏菩萨，并在那里研究《华严经》三年；1896年住江苏扬州高旻寺，禅定时因开水溅到手上打破水杯而大悟，认识到"消得一分习气，便得一分光明，忍得十分烦恼，便证少菩提"。从其出家到五十六岁开悟，为自度时期。

自度之后便要度人，法师想到云南地处边陲，佛法衰败，于是决心到云南弘法。1904年，他首次受请担任住持。在迦叶的道场大理鸡足山，他革除了旧弊，把禅门特别兴盛的子孙制度改为十方丛林，重新复兴了迦叶道场，并于1913年在云南创建了中华佛教总会滇藏分会，这是云南最早的近代佛教团体。1906年，他奔赴东南亚，在马来西亚、泰国等地弘法；1908年在曼谷，一定九日，轰动了泰京，国王大臣纷纷前来礼拜，迎入宫中供养；1929年赴广东南华寺，复兴禅宗祖庭；1936年到香港弘法；1952年，他在广东乳源县云门寺被暴徒殴打，肋骨被打断一根，昏迷几天，后来所幸恢复，自言进入兜率宫听弥勒说法；1955年到江西云居山恢复抗战时期被炸毁的真如寺；1959

年圆寂。

虚云大师一生举足远游，声名显赫，至相寺专门为他设殿，一者敬拜他的大行，二者也许他在游陕西时到过这里。

6）药师佛殿、文殊殿、伽蓝殿

药师佛殿里的药师佛是东方净琉璃世界的教主，他手捧宝塔，象征能镇服一切恶魔，两边壁画的主角就是日光菩萨和月光菩萨，壁画中表现的是各位天将以及罗汉们的神通故事。

文殊殿里，主尊当然是文殊菩萨，他骑着青狮，手结印契，两边是华严宗各位祖师的画像，这也表明该殿实际上也兼顾了祖师殿的功能。

至相寺伽蓝殿

伽蓝殿是供奉保护寺庙的护法神的，里面的主尊是著名的关羽，这当然是中国化了的伽蓝神。关羽如何成了佛教的护法呢？相传隋代天台宗创始者智者大师，曾在荆州玉泉山入定，定中曾见关帝显灵，率其鬼神眷属现出种种恐怖景象，以扰乱智者。经过智者大师的度化之后，关帝乃向智者求授五戒，遂成为正式的佛弟子，并且誓愿作为佛教的护法。从此以后，这位千余年来极受国人敬重的英雄人物，乃成为佛教寺院的护法神。

7）海东初祖碑

至相寺内立有"海东初祖碑"。海东初祖指的是新罗国僧人义湘，在华严二祖智俨六十岁时，义湘(625—702年)，逾海来华求学，与法藏为同学，深深领会智俨的华严妙旨，后来义湘学成回国，弘讲《华严经》，成为"海东"(指韩国)华严初祖。

8）法堂殿

法堂殿是寺庙里仅次于大雄宝殿的建筑，是为信众讲法的地方，殿内供奉的主尊是释迦牟尼佛，佛的左边站立的是迦叶，右边是阿难。在法堂殿的前方左侧是武财神殿，供奉的是关羽；右侧是西方三圣殿，供奉的是阿弥陀佛、观音菩萨和大势至菩萨。

至相寺法堂殿

9）舍利塔

在法堂殿右侧后方，有一个清代高僧的舍利塔保存至今，这是曹洞宗第三十世灵源紫谷大和尚的涅槃塔，建于清康熙三十四年季春，塔造型优美，弯弯的滴水，轻挑的勾头，是典型的清代风格。

10）寮房

寮房是僧人住宿的地方。至相寺僧人所住的地方非常宽敞。寮房分两层，很有点像大学里的宿舍，而环境更加优美。

11）关房

关房是僧人或者居士用来闭关的地方。至相寺的关房面积大，周围景色好，背后就是原始森林，人处其中，有一种与天合一的感觉。

在常礼法师的带领下，近期至相寺正在大力建设，不久之后，位于终南正脉的至相寺将以崭新的面貌迎接信众和修客。

（二）华严祖庭华严寺

华严寺背靠少陵原，后接航天基地，呼应大雁塔；前临樊川，对应终南山。其地理位置及长远发展对地方建设、省市规划、国际交往都具有不可多得的潜在价值。

127

西安华严寺全景

1. 华严寺的创立

华严寺的创立与杜顺大师有很大关系。杜顺（557—640年）也称法顺，因其俗家姓杜，就俗称杜顺。《续高僧传》称"唐雍州义善寺释法顺"，法师是陕西长安县人，十八岁在"因胜寺"拜僧珍法师出家，僧珍是出身于下层的游僧，勤习禅定，有神异事迹。现藏于西安碑林第三室的《大唐华严寺杜顺和尚行记碑》，是杜顺的后代于大中六年（852年）刻的，里面记载了较多佛教典籍里没有的情况："弱冠，师之兄有军旅之患"，因而杜顺代兄出征。退役后，杜顺拜"魏禅师"为"师主"，获得了师父的赞扬。该碑中所提到的"魏禅师"，不知是不是他原来的师父"僧珍"。

杜顺法师住在义善寺，宋张礼的《游城南记》中记载："杜光村有义善寺，俗谓之杜光寺，贞观十九年建，盖杜顺禅师所生之地，顺解华严经，著法界观，居华严寺，证圆寂。今肉身在华严寺。"杜光村就在现在西安南郊电视塔东南方向的南窑村一带。

杜顺形迹类似其师僧珍，也是一名居无定所的游僧，据说他有神通，可以治疗天生聋哑，并且可以和动物如牛马等说话，能驱除虫蚁。杜顺以神通"感通幽显，声闻朝野"，唐太宗李世民曾将其请入宫中供养。他虽然是靠神异立本，但是他非常重视义理研究。他与当时的义理学中心终南山至相寺来往密切，将其爱徒智俨送入至相寺学习，并且自己也写有论著《华严五教止观》，对自己的禅观进行总结。

《续高僧传》卷二十五记载：

(杜顺法师)以贞观十四年，都无疾苦，告累门人，生来行法令使承用。言讫如常坐定，于南郊义善寺。春秋八十有四。临终双鸟投房，悲惊哀切，因即坐送于樊川之北原，凿穴处之。京邑同嗟，制服亘野，肉色不变，经月逾鲜，安坐三周枯骸不散，自终至今，恒有异香流气尸所。学侣等恐有外侵，乃藏于龛内，四众良辰赴供弥满。

(大意)贞观十四年(640年)，杜顺法师在义善寺圆寂。他临终前并无疾病征兆，只是告诉门人传承其教法。然后在禅定中圆寂，享年八十四岁。他的遗体被送到樊川北原，在墙壁上打洞，然后放进去。遗体保持禅定姿势三年，骨骸不散，并有异香飘出。僧俗四众弟子担心野兽侵袭，于是将尸体装入石龛内保存，按时供养。

《起信论疏记会阅卷首》卷一记载，杜顺还没有圆寂时，一个徒弟来辞行，说要去五台山礼拜文殊菩萨。杜顺大师微笑道："游子漫波波，台山礼土坡，文殊只这是，何处觅弥陀。"这个弟子听不懂什么意思，就

华严寺出土的砖雕

到五台山去了。到了五台山下，碰到一位老人，老人问他："你来五台山做什么呢？"他说来礼拜文殊菩萨。老人说："文殊菩萨已经到长安去教化众生了。"和尚问："是哪位呢？"回答说是杜顺和尚。和尚大惊说："原来是我师父啊！"正在发愣的时候，老人不见了。于是和尚赶回长安，却遇到浐河暴涨，等他赶到寺庙时，杜顺大师已于一天前去世了。由此，杜顺为文殊菩萨化现就广为人知了。

宗密的《圆觉经大疏释义钞》卷七记载："(杜顺法师)姓杜名法顺,是华严宗源之师。即文殊化身也,瑞德甚多,具在传记。其师所居处今见置华严寺。寺有和上塔庙。"证明杜顺真如塔确实是在华严寺。

那么华严寺应该从什么时候算起?640年,杜顺尸体已经埋进华严寺旁的山洞,但当时可能还没有寺庙,三年后四众弟子将其尸体装入石龛,也没有讲这时有没有寺庙。宋敏求的《长安志》中介绍:"华严寺会圣院真如塔,在县南三十里,贞观中建",也没有讲具体是哪一年。

万历本的《陕西通志》中介绍华严寺建于贞观十九年,乾隆本的《西安府志》中也记载:"华严寺,贞观十九年建。"这个时间不知作者有何依据,但宋代张礼的《游城南记》中讲,当时华严寺内真如塔"壁间二石记皆唐刻也,具载华严寺始末"。既然宋代华严寺还保留两块唐碑,讲华严寺建立的始末,那么万历本讲华严寺建于贞观十九年,不会是乱写,也许作者见到过那两块唐碑。在没有新的考古资料能推翻这个时间之前,我们认可华严寺建于贞观十九年(645年)。

2. 华严寺的沿革

华严二祖智俨法师圆寂后葬在何处,当时的史书没有记载。但明代赵崡的《城南游记》中记载:"又一僧房,有'唐严尊者塔额'大字",这里的"严尊者"就是智俨,说明智俨圆寂后也是葬在华严寺内的。但毕竟明代的记录距离唐代已经非常久远,赵崡的记载是否可信呢?我们认为是可信的,因为隋唐时期盛行弟子随葬老师墓地旁的习惯,因而智俨法师圆寂后归葬于他的老师杜顺法师的塔旁是非常可能的。

华严寺前的山路

《唐大荐福寺故寺主翻经大德法藏和尚传》卷一记载，华严宗三祖法藏禅师也葬在华严寺："（法藏法师）先天元年岁次壬子十一月十四日终于西京大荐福寺。春秋七十。其年十一月二十四日葬于神和原华严寺南。"具体地说，华严寺位于少陵原，史书称为神禾原，要么是笔误，要么是当时少陵原广义上也属于神禾原的一部分。

华严寺与密宗也渊源颇深。唐密的开山祖师善无畏、一行等都在华严寺活动过。开元三大士之首的善无畏大师（637—735 年）曾在华严寺住过，可能当过华严寺寺主，至少是掌管藏经阁的僧职。李华著《玄宗朝翻经三藏善无畏赠鸿胪卿行状》卷一记载：

曩时无行和上，行游天竺，学毕，言归回至北天，不幸而卒。所将梵夹，有敕迎还，比在西京华严寺收掌无畏和上。

（大意）前些时有个名叫无行的僧人，去印度求经，回来时走到印度北部病逝了。皇帝派人将经迎接回来，交给"西京华严寺"的善无畏和尚掌管。

《宋高僧传》卷五中记载，唐代高僧、著名天文学家一行法师也曾入住华严寺：

（一行）开元十五年九月于华严寺疾笃，将舆病入辞，小间而止。玄宗……乃诏京城名德，致大道场，为行祈福。危疾微愈，其宠爱如是。十月八日，随驾幸新丰，身无诸患，口无一言，忽然浴香水，换衣趺坐，正念怡然示灭。

（大意）一行法师于开元十五年（727 年）九月在华严寺病情加重，想向玄宗辞别，有人劝告没有去。玄宗于是召集京城名僧，在大道场为一行法师祈福。一行的病稍好了一些，十月八日陪着皇上巡视新丰，在毫无征兆的情况下，忽然沐浴更衣，禅定灭度。铜人原位于西安东部，从玄宗诏令将一行法师葬在铜人原的情况看，这里面讲的华严寺应该是长安的华严寺。

《佛祖统纪》卷二十九中记载华严四祖澄观法师也葬在华严寺。

131

《佛祖统纪》中记载：

（澄观）十一年巡礼五台峨眉，俱瞻瑞相，还居京师大华严寺，专行方等忏法，仍讲华严大经，造新疏二十轴。德宗诞节，召讲经内殿，以妙法清凉帝心，遂赐号清凉法师。……元和五年，宪宗问华严法界宗旨，豁然有得，敕有司铸金印，加号大统清凉国师。开成三年三月六日示寂，寿一百二岁，腊八十三。葬终南石室，塔曰妙觉，宰相裴休奉敕撰碑。

（大意）澄观法师在巡礼五台山和峨眉山后，回到京师大华严寺居住，专心弘扬华严大经，撰写华严经疏二十轴。唐德宗封其为清凉国师，唐宪宗向澄观请教佛理，很有收获，加封"大统清凉国师"。澄观法师葬在终南石室，建塔名为妙觉塔，由宰相裴休撰写碑铭。虽然这里没有明说是葬在华严寺，但既然杜顺和智俨、法藏都葬在华严寺，澄观又曾在华严寺弘扬《华严经》，注疏《华严经》，其塔院位于华严寺是可以肯定的。

华严五祖宗密是四川人，早年博览群书，曾经为《圆觉经》、《华严经》、《涅槃经》、《金刚经》、《起信论》、《唯识》、《盂兰盆法界观》、《行愿经》等多种经论作疏，并为禅宗各派做了总结，并总而序之，现留至今，成为《禅渊禅源诸诠都集序》，在禅宗史上很有影响。他于会昌元年(841年)坐灭于兴福塔院，享年六十二岁。宗密圆寂后，其弟子按照其生前的嘱托，将其尸身放入树林，布施鸟兽，后收其骨而焚之。宗密圆寂于唐武宗会昌元年，在唐武宗灭佛前夕去世，这是他的幸运，否则一生弘法传教的大师眼见寺庙被毁，僧人被迫还俗，经论被大批焚烧，该有多伤心啊。唐宣宗继位后，重新扶植佛教，追谥其为定慧禅师，立塔名青莲塔。现在西安草堂寺立有《唐故圭峰定慧禅师传法碑并序》石碑。当时宗密的好友宰相裴休为宗密写了墓志铭，总结了他的一生，给其极高的评价。从裴休的介绍看，裴休是把宗密当做禅宗十一祖来看的（"于达摩为十一世"），这与我们今天一般将宗密列为华严祖师的看法颇不一致。鉴于宗密与裴休关系密切，我们也基本可以认定这也是宗密本人所认可的，否则裴休不会在他的墓志铭里明确宣讲。其次，裴休为宗密阐教的方法进行了辩护。当时有人批评宗密广讲经论，不重视禅定。裴休讲，心是"万法之总也"，"分而为戒定慧，开而为六度，散而为万行"。坐禅，本是六度之一，怎么能仅以禅定少就否定宗密大师呢？佛的十大弟子，或以神通见长，或以解空见长，或以苦行见长，怎么没人去指责他们呢？第三，裴休讲宗密对弟子的影响力。"有出而修政理，以救疾苦为道者；有退而奉父母，以丰供养为行者；其余憧憧而来，欣欣而去，扬袂而至，实腹而归，所在甚众，不可以纪真。"宗密的弟子中，有出去从政，造福于一方者；有归家奉养父母，在家行孝者；大家怀着希望而来，高兴满意而归，来时有所不足，走时理论满腹，这样的例子很多，不能一一给予介绍。"真如来付嘱之菩萨，众生不请之良友。"在行文的最后，裴休讲自己与宗密大师"于法为昆仲，于义为交友，于恩为善知识，于教为内外护，故得详而叙之，他人则不详"。

宗密法师生前主要住在草堂寺和圭峰寺，圆寂后葬在草堂寺。所以从某种意义上讲，说草堂寺是华严宗祖庭也是可以的。宗密为何没有随葬在老师澄观的塔旁？换言之，为何没有葬在华严初祖、二祖、三祖、四祖灵塔所在的华严寺呢？这是个需要讨论的问题。笔者认为，宗密实际上归心的是禅宗而不是华严宗，这从他的弟子及好友裴休为他撰写的墓志铭中称其为禅宗十一祖的介绍就可以看出。但华严寺与草堂寺确有关系，宋张礼记载，到宋代时，华严寺的东院已经隶属于草堂寺了，这会不会和宗密有关呢？由于史料缺乏，现在已无法考证。

《宋高僧传》卷五《唐京兆华严寺玄逸传》中记载，唐玄宗的岳父的弟弟窦某出家后曾在华严寺居住，法号玄逸。玄逸法师才高德绍，曾编辑《释教广品历章》三十卷，参考经论一千八百部。

《宋高僧传》卷十一《唐京兆华严寺智藏传》中记载，智藏禅师也葬在华严寺，并建有舍利塔：

释智藏，姓黄氏，豫章上高人也。……后修禅法证大寂一公宗要矣。建中元年入长安。庐元颢素奉其道，举奏入内供养，敕令住华严寺。辇毂之间玄学者孔炽，就藏之门若海水之归，投琴之鐾矣。太和九年终于住寺，三月十二日入塔焉。

可见，智藏法师是江西马祖道一的得法弟子，唐德宗建中元年（780年）来到长安，受到皇帝的供养，敕住华严寺，太和九年（835年）圆寂，在华严寺建塔。智藏在华严寺五十多年，来投师门的弟子如大海波涛般涌来，可见影响很大，也可见华严寺在当时规模很大，称为"大华严寺"是完全可以的。而传统观点认为华严寺"历经数代，并没有太大改变，华严寺可以说是黄土高原上一座典型的窑洞寺庙"的说法恐怕不符合华严寺的实际。

华严寺亲历了晚唐的动荡。唐昭宗时期，军阀之间争夺地盘，完全不把皇帝放在眼里。乾宁二年（895年）七月，李克用讨伐李茂贞、王行瑜、韩建等进犯长安之罪。同州节度使王行实败退入京师长安，半夜派兵抢掠东市、西市，长安一片大乱，叛军乘机逼迫皇帝去凤翔李茂贞处避难。唐昭宗命令禁军都头李筠率领禁军掩护皇室大臣出逃，在城外华严寺休息。后来李克用兵到，李茂贞兵退。李克用想乘机一举打败李茂贞，而唐昭宗还想用李茂贞牵制李克用，就居中调解两家议和。

鸟瞰樊川

唐代华严寺是长安地区的名寺，众多诗人到访过华严寺。中唐时期著名的边塞诗人岑参曾到访过华严寺，并写下了《题华严寺瑰公禅房》一诗：

　　寺南几十峰，峰翠晴可掬。朝从老僧饭，昨日崖口宿。锡杖倚枯松，绳床映深竹。东谿草堂路，来往行自熟。生事在云山，谁能复羁束。

　　(大意)站在华严寺上眺望南面的终南山，几十个山峰翠绿可人。早晨和寺内老僧瑰公一起吃早饭，昨晚就在山崖的窑洞住宿。瑰公的锡杖靠着青松，他的绳床架在青翠的竹林内。去东谷那边的草堂的山路，他都非常熟悉。他与蓝天白云作伴，谁又能羁束了他呢！这首诗表现了诗人对出家人与大自然合一的生活方式的向往。

　　中唐诗人冷朝阳也曾多次到访华严寺，并留下了诗两首。《同张深秀才游华严寺》：

　　同游云外寺，渡水入禅关。立扫窗前石，坐看池上山。有僧飞锡到，留客话松间。不是缘名利，好来长伴闲。

　　(大意)我与张深秀才一起到华严寺游玩，帮助清扫寺内的垃圾，坐在水池边看水中的假山。刚好碰到飞锡大师也来造访，我们就一起在松树旁聊天。若不是心还留恋着名与利，就会常来享受这份清闲。

　　《中秋与空上人同宿华严寺》：

　　扫榻相逢宿，论诗旧梵宫。磬声迎鼓尽，月色过山穷。庭簇安禅草，窗飞带火虫。一宵何惜别，回首隔秋风。

　　(大意)中秋节我到华严寺帮忙，刚好碰上了空上人也到访华严寺，就一起在华严寺借宿，晚上谈论诗歌佛理。磬声和鼓声都已经打完了，月色也飘过了南山，依稀可以见到庭前的青草和窗外的萤火虫。天都要亮了，谈论了一宿，却要分别，再回首只看到拂面的秋风。这首诗表现了诗人对空大师离别的惆怅。

　　唐宣宗李忱登基后也到访过华严寺，并留下了《幸华严寺》一诗：

　　云散晴山几万重，烟收春色更冲融。帐殿出空登碧汉，遐川俯望色蓝笼。林光入户低韶景，岭气通宵展霁风。今日追游何所似，莫惭汉武赏汾中。

（大意）天晴的时候，能望见重重的青山，炊烟袅袅与春色融合。我们一行从大帐中出来，登上少陵原，俯瞰原下，一片葱茏。阳光透过树林照入僧房，山岭上通宵都在释放着清新的空气。用什么来比拟今天的游玩呢？不亚于汉武帝畅游山西的胜景。唐宣宗李忱曾逃亡到僧众中，直到唐武宗去世后才登基成为了皇帝。再次到寺庙游玩，已经由当时逃难的难民转为了至尊的皇帝，衣锦还乡，当然心情大好。

少陵原

唐代后期诗人赵嘏也到访过华严寺，并留下了《李侍御归山同宿华严寺》一诗：

家有青山近玉京，风流柱史早知名。园林手植自含绿，霄汉眼看当去程。处处白云迷驻马，家家红树近流莺。相逢一宿最高寺，夜夜翠微泉落声。

（大意）李侍御的家就在临近玉京山的青山上，他的才名早已为人所知。园林里种植着花草，山峰矗立在后面。到处飘着白云，红树上站着各种小鸟。我与李侍御在华严寺相逢，借宿在寺内，夜里能听到泉水流动的声音。《李侍御归炭谷山居，同宿华严寺》讲的是同一件事，可能是上首诗的改写版：

家在青山近玉京，日云红树满归程。相逢一宿最高寺，半夜翠微泉落声。

（大意）李侍御的家就在临近玉京山的炭谷山上，在满山红叶的季节回家山居。我与李侍御在华严寺相逢，借宿在寺内，夜里能听到泉水流动的声音。

唐昭宗时期僧人子兰著有《华严寺望樊川》一诗：

万木叶初红，人家树色中。疏钟摇雨脚，秋水浸云容。雪碛回寒雁，村灯促夜春。旧山归未得，生计欲何从。

(大意)所有的树叶都变红了，农家藏在树叶之中。钟声和着细雨，秋雨伴着云层。山上已经开始有积雪了，大雁往南飞，夜里村中灯光摇曳，传来农妇舂米的声音。人们从山里回来，却没有收获，思忖着明天的打算。

唐末诗人张泌著有《题华严寺木塔》一诗：

六街晴色动秋光，雨霁凭高只易伤。一曲晚烟浮渭水，半桥斜日照咸阳。休将世路悲尘事，莫指云山认故乡。回首汉宫楼阁暮，数声钟鼓自微茫。

(大意)秋高气爽的季节，大雨之后登上华严寺木塔，容易引起忧伤的情感。傍晚的炊烟飘在渭河上，快要落山的太阳照在咸阳。不要借古叹今，将虚无缥缈的地方当做故乡。回首想想汉朝宫阙的废墟，几声钟鼓声却中断了我的思绪。张泌生活的晚唐，社会动荡，诗人已经预感到繁华的长安城将会像汉长安城一样变成废墟，所以尽管是秋高气爽的季节，诗人登上华严寺木塔，心里却充满了对未来的忧愁。

《历朝释氏资鉴》卷八中记载，五代时期的曹洞宗大师休静葬在长安华严寺。《宋高僧传》卷十三中则把休静称为"洛京华严寺释休静"，《唐会要》中称，洛阳华严寺位于洛水北岸的景行坊，可见他是洛阳华严寺的僧人。《新修科分六学僧传》卷八中记载了关于休静的故事，主要是他参访曹洞宗创始人洞山良价的禅语。洞山问他"情"从何而来，休静回答这正是我想问的。洞山说你要到万里无草的地方去找。休静说万里无草处，有"情"还是"无情"？洞山问答："就这么去找。"这里的万里无草处，比喻现象界背后的本体，"情"也是由本体生出。可见休静为典型的曹洞宗禅僧。后唐庄宗李存勖建都洛阳，曾经到过洛阳华严寺。他看到一尊护法神，就问休静法师这是什么神？法师回答是护法神。李存勖问，既然是护法神，为何唐武宗灭佛时没有反应？法师回答："天降雨露，不为荣枯。"意思是护法神也要遵循天道。皇帝听了很高兴，赐予"宝智师"的称号。

禅宗僧人住持华严寺，可见五代时期的华严寺已经失去了华严宗的传承，而成为了禅宗的基地。《景德传灯录》卷十七中记载："（休静法师圆寂后）荼毗获舍利，建四浮屠：一晋州，二房州，三终南山逍遥园，四终南山华严寺。敕谥宝智大师无为之塔。"可见，休静圆寂后，舍利分为四处：晋州一处，房州一处，终南山逍遥园一处，终南山华严寺一处，他的塔被称做无为塔。

北宋时期华严寺的情况在宋敏求的《长安志》和宋张礼的《游城南记》中都有介绍。《长安志》中记载："华严寺会圣院真如塔，在县南三十里，贞观中建。"

写于北宋元祐元年（1086 年）的《游城南记》中记载：

东上朱坡，憩华严寺，下瞰终南之胜，雾岩、玉案、圭峰、紫阁，粲在目前，不待足履而尽也。已而子虚、希古开樽三门，寺僧子齐，出诗凡数百篇，皆咏寺焉，……酒阑，过东阁，阁以华严有所蔽，而登览胜之。真如塔在焉，谓之东阁，以西有华严寺故也，今为草堂别院。张注曰：《长安志》曰：真如塔，在华严寺。今其塔在东阁法堂之北，壁间二石记，皆唐刻也，具载华严寺始末，则华严东阁，本一寺也，不知其后何以隶草堂寺焉。下阁，至澄襟院，院引北岩泉水，架竹落庭注石盆中，濛澈可挹，使人不觉顿忘俗意。时子虚、希古先归。院之东，元医之居也，予与明微宿焉。

可见当时杜顺的真如塔还在，位于东阁院。可是，这时的东阁院已经不属于华严寺了，而是成为了草堂寺的别院。当时的华严寺还有澄襟院："澄襟院，唐左术僧录遍觉大师智慧之塔院也。"所以说澄襟院是唐代高僧智慧法师的塔院。澄襟院的东边是元医的居所。

元代至元九年，重修了澄观塔。《大元华严寺重修大唐华严新旧两经疏主翻经大教授充上都僧统清凉国师妙觉塔记》（现存于寺中）记载了这次维修的情况，据康寄遥讲，是"传戒长讲沙门吉洋建的"。

明嘉靖三十四年（1556 年）年末，关中大地震，华严寺由于身处土坡上，遭到了重创。几十年后赵崡到华严寺，记载："寺僧言，昔有五塔，止存二。……华严寺之胜，十不存一二焉。"《陕西通志》中讲："华严寺，明为开福寺，嘉靖间地震寺圮，万历元年僧证沧修。"明末赵崡到华严寺时，看到的就是经过证沧法师修复后的华严寺。北宋时张礼只看到杜顺的真如塔。五百年后，赵崡却看到了两座塔。显然澄观塔到北宋时已经湮灭，赵崡见到的是后来又重建的塔。僧人告诉他昔日有五座塔，显然是宋以后为华严五祖建的纪念塔。

明代万历十六年(1618年)，赵崡游华严寺，《游城南记》中记载：

寺西二塔，不知谁为真如。寺僧言，昔有五塔，止存二。余观东一塔下，有杜顺禅师像，西塔为清凉国师妙觉塔，俱重修。败垣中有唐比丘圆满断碑，书雅有欧褚法。又一僧房有唐严尊者塔额，大字。又有梦英撰碑，何润之书，记文殊阁藏杜顺肉身，今亡所在。而杜顺和尚碑，不知何缘乃在长安开佛寺中。

清雍正十二年(1734年)，雍正皇帝加封四祖澄观大师为"妙正真乘禅师"，此圣旨碑现在澄观大师塔前。清乾隆年间(1736—1796年)，少陵原坍塌，寺庙殿宇全部毁掉，只剩下了两座砖塔。

从塔的记载看，华严寺曾有华严宗初祖杜顺坐定身骨的墓塔、二祖智俨塔、三祖法藏塔、四祖澄观塔。但在清乾隆年间，发生了少陵原崩塌事件，仅存砖塔两座，其余全毁。1930年陕西大旱，朱子桥居士来陕西赈灾，与佛教界人士瞻礼华严寺塔时，见到元代重修的碑里写有"修塔即降甘露"的文句，便于塔前发愿"重修两塔，祝愿普雨"。不日即天降大雨，朱子桥遂与佛教界人士动工修塔，建成了初祖杜顺、四祖澄观两个塔。

3. 华严寺的现状

华严寺是唐代长安城南樊川八大景之首，位于现在西安城南十五里的少陵原上，是中国华严宗的祖庭之一。

华严寺宝塔部分地方已经老化

新中国成立以后，有关华严寺的情况，康寄遥的《陕西佛寺纪略》中有记载。1957 年时，寺院没有院墙，没有大殿，佛像供在土窑内，附近有二亩地，三间破漏的僧房是 1930 年修塔时建的。寺庙内当时只有一名僧人。据现任华严寺住持宽昌法师讲，1958 年后，碑石被用去炼钢，僧房被占用，古树全被砍伐。"文革"期间佛像被砸毁，僧人被赶走，僧房被强行拆除，改建为教室等。1976 年"文革"结束后，寺院仅存杜顺大师和澄观大师舍利塔及少数碑石。1985 年，清凉国师澄观塔面临倒塌，长安县政府派长安县文物局将塔迁建于原址东侧，1988 年完工。迁建时出土舍利玉瓶、舍利流金佛像等文物，现今全部保管在长安区博物馆；2005 年，杜顺大师舍利塔基础出现渗水情况，长安县文物局再次进行修护，修护时出土的砖刻、地宫门石刻皆存在长安区博物馆。

2006 年 6 月，时任陕西省佛协副秘书长的宽昌法师住持华严寺，华严寺的历史掀开了新的一页。四年间，宽昌法师主持修建了进行佛事活动的"华严三圣殿"，学修一体的"华严止观堂"，僧人居住的"重光居"，居士居住的"福慧居"，进行二时斋供的"斋堂"等。

2014 年 11 月 19 日，华严寺隆重举行了中日佛教文化交流活动。华严寺住持宽昌法师、住寺僧众、护法信众，以及以延命寺住持薄田泰元为团长的"长安华严寺重建第二回写经奉纳友好访问团"全体成员参加了活动，在华严寺华严三圣殿举行写经奉纳及祈福法会，法会由宽昌法师、薄田泰元主持。

华严寺因为刚刚恢复兴建，目前只有两座简易的大殿，并不是什么时候都开放，其中之一就是华严圣境殿，相当于大雄宝殿，里面供奉的主尊是释迦牟尼佛。佛的左后面坐着地藏菩萨，戴着五佛宝冠，左手捧着摩尼宝珠，象征着不染，右手持禅杖，象征着大愿，正是地藏菩萨的标准造型；佛的右后面坐着观音菩萨，左手端宝瓶，象征着内装智慧甘露，右手拿着杨柳枝，象征着用甘露撒向人间，闻声救苦；佛的两边是十八罗汉（由于地方狭小，十八罗汉并没有列全）。

另外就是华严三圣殿。华严三圣指毗卢遮那佛和文殊、普贤两位菩萨，《华严经》的一个特别之处就是将对以往的化身佛释迦牟尼佛崇拜上升到对法身佛毗卢遮那佛的崇拜地位；另一特别之处是抬高了普贤菩萨的地位。《华严经》为何要抬高普贤菩萨呢？

我们知道，大乘佛教兴起后崛起的第一个佛教派别是中观学派，该派推崇般若智慧，极大地提高了文殊菩萨的地位，使得他成为诸佛的"智慧之母"，但是时间长了弊端也就显现出来了，太过于注重智慧，而忽视了禅定止观等修行戒律的作用，一些修行者打着智慧的旗号，生活腐化，让人们逐渐认识到了光有智慧没有戒律修行是不行的，如何才能修菩萨行？有没有一个活生生的榜样可以效仿？这是当时的普遍困惑。

于是，普贤菩萨就登场了。相对于文殊的"大智"，普贤正是以"大行"为标志的，其十大行愿为人们树立了如何修行佛法的典范，纠正了之前的修行者只重视智慧的极端倾向，很快《华严经》、普贤菩萨崇拜便盛行开了。

法身佛毗卢遮那的左侧坐青狮子的为文殊菩萨，文殊的头上一般挽着五个发髻，象征着佛教的"五明"智慧；右侧骑六牙白象的为普贤菩萨，六牙象征着佛教的"六度"。

由于华严寺坐落在黄土坡上，土坡未能加固，故而每年都有沉降，如果任由这种局面发展下去，整个寺庙倾覆不无可能。毋庸讳言，当前的华严寺面临着生存的危机。华严寺的情况得到了佛教界、学术界的高度关注和省领导的高度重视。

华严寺面临地基滑坡的危机

众多佛教界的高僧非常关注西安华严寺：

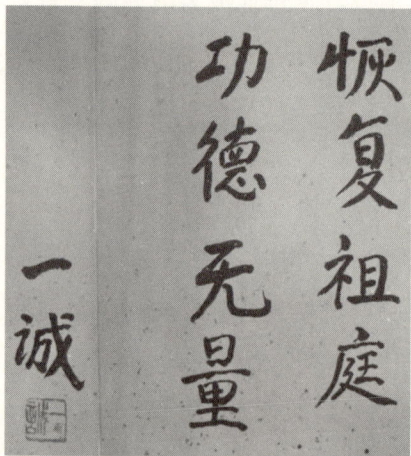

原中国佛教协会会长一诚长老题词

(1) 原中国佛教协会会长一诚长老题词"恢复祖庭，功德无量"。

(2) 原中国佛教协会会长传印长老三次来寺，并题词："恢复华严宗祖庭道场，为佛教历史具有特别重大之盛事！"

(3) 中国佛教协会会长学诚法师关注并题词："信仰为根本，解脱为目的，教育为中心，文化为纽带。"

(4) 原中国佛教协会副会长根通长老来寺指导、中国佛教协会副会长妙江法师来寺指导并题词。

(5) 本焕长老赠送墨宝。得到题词关注的还有：原中国佛教协会副会长明学长老、净慧长老等，中国佛教协会驻会副会长演觉法师、宗性法师，中国佛教协会副会长湛如法师、静波法师、明海法师等。

(6) 得到中国佛教协会副会长、陕西省佛教协会会长增勤法师高度重视，并亲自手绘寺院规划图。

正在恢复中的华严寺也引起了中国学术界的高度关注：

（1）著名佛教学者杜继文、杨曾文等泰斗级学者来寺交流。

（2）著名佛教学者楼宇烈教授三次来寺交流，并举办佛学讲座、题词："华严寺是中国佛教华严宗发祥地，对中国佛教的思想教义、理论体系、社会发展等方面做出了巨大贡献。重建华严宗祖庭华严寺，在佛教文化传播、社会发展、国际交往等方面有着非常现实的社会价值。"

（3）著名佛教学者魏道儒教授多次来寺交流，并指出：华严思想可以说是佛教思想最圆满、最完善、最究竟的理论体现。唐代，在华严宗几代祖师的大力弘传下，建立了思想完善、体系完整的华严宗。其思想不仅促进了中国佛教史上其他宗派的思想发展，也对中国文化的发展产生了深远的影响，在佛教思想和中国文化、社会发展方面具有一定的社会价值。

（4）著名佛教学者王亚荣、李利安、荆三隆来寺交流。陕西社科院宗教文化研究所所长王亚荣教授认为：华严宗是中国佛教最重要的宗派之一，在世界佛教当中占有非常重要的地位；华严寺是华严宗的发祥地，在佛教思想的传播过程中起到极其重要的作用。重建华严寺，才能发挥出祖庭道场的社会价值和教化功能。李利安教授在考察寺院时题词"大唐遗法，盛世华严"。

（5）2011年1月8日，由西北大学陕西文化产业研究院举办的大型公益性文化讲座"陕西文化户外大讲堂"第二十三集在陕西省西安市华严寺隆重开讲。主题是"大唐遗法，盛世华严"，主办方邀请西北大学佛教研究所所长李利安教授主讲"华严宗祖庭与华严学说的现代价值"，来自西安市的数百名听众参加了此次大讲堂，并免费获得了陕西文化户外大讲堂携手华严寺为大家准备的新年馈赠节庆斋饭和精美礼盒。

2014年2月10日，陕西省政府副省长白阿莹在省政府副秘书长杨长亚、省宗教局局长徐自立、省宗教局党组书记张宁岗、西安市宗教局长贺维海、长安区宗教文物局局长张宁等人的陪同下，一行三十人来华严宗祖庭华严寺调研。华严寺住持宽昌法师向白阿莹副省长一行介绍了华严寺历史概况及寺院现况，白阿莹副省长一行到华严寺各处实地查看，对当前的困难表示会协调解决，对今后的发展提出了切实可行的指示。

2016年5月9日，中共陕西省委常委、统战部部长陈强，在省政府副省长王莉霞，省宗教局局长张宁岗，省文物局局长赵荣，中国佛教协会副会长、省佛教协会会长增勤大和尚，市委常委、统战部部长史晓红、市政府副市长方光华，市政府副秘书长惠应吉，市宗教副局长王正权，市文物局长黄伟，市佛协副会长本昌法师，航天基地主任张弛，区委书记杨健强、区长王强，区委常委、统战部部长韩艾军，副区长汤勇军等省市区领导的陪同下到华严宗祖庭华严寺调研，并在区政府会议室就华严祖庭的规划发展主持召开了座谈会。毕业于中国佛学院、师从魏道儒教授的华严寺现任住持宽昌法师，在会上介绍了关于恢复祖庭的构想。

宽昌法师说，总的指导思想是：重建祖庭，全面完成华严祖庭的殿堂建筑；再树宗风，体现出华严宗思想的时代价值。依据华严寺所在的地理状况，将来，华严寺会形成三个区域：殿堂主体区，目前为长师附小占用区域，正在逐渐收回；朝圣礼拜区，即为现有土地区域；文化延伸区，即寺后荒废土地区域。华严寺的整体修复规划将采用仿唐式建筑。

宽昌法师与荆三隆、李利安教授

在宽昌法师的带领下，华严寺的影响也越来越大，2015年4月30日，台湾苗栗圆明禅院住持传放法师率僧俗两众一行80余人来华严宗祖庭华

144

严寺朝圣礼祖。2015 年 11 月 20 日，以日本国际刻字协会会长、国际刻字联盟会长、延命寺住持薄田泰元为团长的中国华严宗祖庭"写经奉纳团"一行第三次来华严寺交流参访。

除此之外，近年华严寺还接待了来自世界各国的多个佛教代表团：

（1）接待了以韩国曹溪宗总务院长智冠长老为团长的代表团等二十多个韩国佛教团体来寺交流参访。

（2）接待了以日本佛教华严宗祖庭东大寺管长上司永庆为团长的代表团等三十多个日本佛教团体来寺交流参访，并组团到日本进行回访交流。

（3）接待了以美国海印寺为主的华严宗体系及佛教团体多次来寺参访交流。

（4）接待了台湾佛教界以惠敏法师为团长的法鼓山系、以妙遵法师为团长的佛光系、以了意法师为团长的灵鹫山系、以见遵法师为团长的中台山系、以慈济执行长为团长的慈济行等几十次来访交流，并数次赴台进行佛教文化交流。

（5）接待了缅甸大长老、泰国大长老等其他多个上座部佛教团体来访。

（三）华严祖庭显通寺

显通寺位于山西五台山中心区的台怀镇北侧、灵鹫峰前，是五台山地区最大、最古、格局最完整的寺庙，为五台山"五大禅处"、"十大青庙"之首，也被称为"五台山的开山寺庙"。[①]

1. 早期的显通寺

当地传言寺庙建于东汉，或言东晋，皆不可信。崔正森先生认为，《古清凉传》介绍，北魏太和年间(477—499 年)，孝文帝曾到此游览，"具奉圣仪，爰发圣心，创兹寺宇"，称为"大孚灵鹫寺"，是本寺的开始。[②]北魏

---

① 李广义：《五台山的开山寺庙——显通寺》，《五台山》，2006 年第 7 期。
② 崔正森：《五台山显通寺、佛光寺创建年代考》，《晋阳学刊》，1985 年第 3 期。

熙平元年(516 年),该寺僧人灵辩,在此参学《华严经》三年,造《华严论》百卷。这是显通寺第一次和华严结缘。北齐时期,高欢父子崇信佛教,对五台山非常重视,灵鹫寺逐渐成为北方研究华严的重镇。北周武帝灭法时期,寺庙被毁。

五台山显通寺

隋代佛法再兴,灵鹫寺也再次恢复。大业九年(613 年),该寺僧人,星象学家神赞法师准确预测到了杨玄感的叛乱,赢得了隋炀帝的垂青。大业十一年(615 年),隋炀帝到访显通寺。

武则天时期,因为《八十华严》译成,经中记载此山,就改寺名为"大华严寺"。大历十一年(776 年),华严四祖澄观入住大华严寺般若院,注释《八十华严》,并宣讲自己的《大疏》,前后达二十年之久,直到贞元十二年(796 年)才奉唐德宗的诏令离开,到长安参与般若三藏的《四十华严》的译场。会昌法难,大华严寺再次被废。会昌六年(846 年),唐宣宗继位,华严寺再次恢复。

宋代诸帝,除徽宗外对佛教都很重视。宋太宗时期,大华严寺僧崇庆撰《大藏经名》十卷、《礼忏经》十卷,上呈传法院审定,后颁行于世。宋仁宗时期,该寺坛长、赐紫沙门妙济大师延一法师,于嘉祐五年(1060 年)撰写《广清凉传》三卷,叙述了五台山佛教的历史。

2. 元明清时期的显通寺

元代诸帝对五台山最为重视,视其为"真佛境界"、"最上福田",经常到访五台山。至元二年(1265 年),元世祖忽必烈下令修茸大华严寺,并赐予佛经。大德五年(1301 年),元成宗又命阿尼哥在大华严寺建立大白塔;

元贞二年(1296 年)，元成宗铁穆耳到访华严寺，礼拜文殊菩萨；大德元年(1297 年)，皇太后到访华严寺；元武宗至大二年(1309 年)，皇太后、皇太子、驸马到访华严寺；元仁宗延祐二年(1315 年)，皇妹大长公主到访大华严寺；至治二年(1322 年)，元英宗到访大华严寺，瞻仰文殊菩萨圣容。[①]

显通寺白塔

明太祖时重修，赐额"大显通寺"；明成祖赐名"大吉祥显通寺"。为了安置西藏的高僧，屡次降旨敕修显通寺与大白塔，永乐五年(1407 年)，将访问首都的藏僧哈立麻封为"大宝法王西天大善自在佛"，委派他到五台山显通寺为死去的皇后追冥福。永乐十三年(1415 年)，明成祖送西藏格鲁教派的创始人宗喀巴大师的弟子释迦也失到五台山朝圣，住在显通寺。住寺期间，释迦也失利用皇帝赐予的各种财物，在五台山建立格鲁派寺庙五座，为藏传佛教在五台山立足奠定了坚实的基础。明神宗为了给死去的穆宗皇帝追冥福，重修了该寺的山门、天王殿、钟鼓楼、藏经阁、延寿宝殿以及大白塔，令寺庙焕然一新。万历三十四年(1606 年)，再次重修，建成"七处九会"大殿，并赐额"大护国圣光永明寺"，简称永明寺。

清代皇帝虽然倾心宋明理学，但从化民导俗的角度考虑，对五台山这一佛教重地十分重视。清初该寺有著名的禅僧茆溪行森(1614—1677 年)，广东博罗人，俗姓黎，是清初临济宗高僧玉林通琇的弟子。行僧深得顺治皇帝的崇敬，曾为顺治皇帝落发和受戒、立号。康熙二十三年(1684 年)，康熙皇帝巡行五台山，到永明寺瞻仰文殊菩萨圣容，并留下龙袍一件，康熙二十六年(1687 年)，敕令恢复原来的名字"大显通寺"。

① 萧宇：《显通寺佛教史略》，《五台山研究》，1997 年第 2 期。

祖庭的创立、沿革与现状

1948 年 4 月 8 日，毛泽东、周恩来、任弼时等中央领导人访问了显通寺，并饶有兴趣地瞻仰了寺中所藏的康熙皇帝的龙袍。[①]"文革"中显通寺曾被改为忻州博物馆，改革开放后归还僧人管理。

3. 显通寺现状

在显通寺的中轴线上，寺前铜塔耸立，七重殿宇布局从南到北，依次为观音殿、大文殊殿、大雄宝殿、无量殿、千钵文殊殿、铜殿、藏经楼，这是模仿《华严经》中"七处九会"的格局。

第一重大殿为观音殿。殿内供奉的主尊为观音菩萨，左边文殊，右边普贤。

第二重宝殿为大文殊殿，重建于 1746 年(清乾隆十一年)，系清代木结构建筑。殿内供奉七尊文殊菩萨像：正中的为大智文殊；前面的五位，从左至右，依次为西台狮子文殊，南台智慧文殊，中台孺者文殊，北台无垢文殊，东台聪明文殊；大智文殊后面是甘露文殊。左右为十八罗汉。

显通寺大文殊殿

第三重大殿为大雄宝殿，也称大佛殿，此殿占地一亩二分，高大肃穆，为举行佛事活动的主要场所。殿内供着横三佛：中是释迦牟尼佛，西是阿弥陀佛，东是药师佛；两旁有十八罗汉像。该殿重建于清光绪二十五年(1899 年)，为清代建筑。殿内正前方的横梁上，高悬康熙御笔"真如权应"木匾。

第四重大殿为无量殿，供奉阿弥陀佛(即无量寿佛)。该殿分上、下两层，仿木结构，面宽 28.2 米，进深 16 米，高 20.3 米，重檐歇山顶，砖券

---

① 李庆生：《毛泽东与五台山显通寺康熙龙袍》，《档案记忆》，2016 年第 4 期。

而成，三个连续拱并列，左右山墙成为拱脚，各间之间依靠开拱门联系，雕刻精湛，是中国古代砖石建筑艺术的杰作。外檐砖刻斗拱花卉，内雕藻井悬空，形似花盖宝顶，殿内供有无量佛。无量殿正面每层有七个阁洞，阁洞上嵌有砖雕匾额，有的题"普光明殿"，有的题"法菩提场"，有

显通寺无量殿

的题"逝多园林"等。这正是《华严经》中佛讲法的地方。

　　第五重大殿为千钵文殊殿。千钵文殊信仰源于《大乘瑜伽金刚性海曼殊室利千臂千钵大教王经》，简称《千钵文殊经》，传为唐代不空法师翻译，实际上是本土所造的经典，内有"中有大圣曼殊室利菩萨，现金色身，身上出千臂千手千钵，钵中显现出千释迦"的表述。千钵文殊信仰源于五台山地区，影响广泛，著名的敦煌壁画中也有千钵文殊像。

　　第六重殿为铜殿。铜殿高8.3米，宽4.7米，深4.5米，用铜10万斤铸成。殿内上层四面六扇门，下面四面八扇门，殿内四壁上有小佛万尊，金光闪闪，灼灼照人。殿内四壁铸满了佛像，号称万佛；殿中央供奉着高3尺的铜佛。明代万历三十七年(1609年)，万历皇帝母亲李太后之师妙峰和尚，集全国13省市布施，先后铸成三座铜殿：一置峨眉山，一置南京宝华山，一置五台山。这三座铜殿均在湖北省荆州浇铸，运至现场组装，如今仅存五台山这

显通寺铜殿

一座了。殿前原有同期铸造铜塔五座，按东西南北中方位布置，象征五座

台顶，可惜在日本侵华期间被日本侵略者盗走了三座，仅东西两座原塔尚存。塔有 13 层，高 8 米，塔身满铸佛像图案，底座正方形，四角各铸一尊力士，手托、肩扛或头顶塔身。

第七重大殿为藏经楼，俗称后殿，原放藏经，已辟为文物陈列室。其中手工艺品有北魏孝文帝时黄金镇风印和铜铸旃檀佛，南北朝的石雕观音和胁侍玛萨，清代烧制的济公和尚瓷像、苏武牧羊花瓶、木雕善财童子和观音、铜铸刘海戏金蟾和四十八臂观音，以及水晶塔、银塔和各色景泰蓝供件等。殿内保存的《华严经》字塔，属稀世珍宝，由长 5.7 米、宽 1.7 米的白绫组成一幅七层宝塔图像，回栏曲槛，斗拱华檐，白绫上用蝇头小楷写《华严经》八十卷，共有 600 043 字，它是康熙年间苏州人许德兴用十二年的时间写成的。

（四）当代对华严学的阐扬

目前对华严学的研究主要集中在高校与寺院，而且主要以华严相关的学术研讨会的形式为主。另外，社会上佛教人士也进行了多种弘扬华严学的活动。

浙江华严文化节

1. 学界的活动

2011 年 10 月 15 日至 16 日，由陕西师范大学宗教研究中心承办的首届中国华严国际学术研讨会在陕西西安曲江宾馆隆重举行。来自日本、韩国、匈牙利以及中国大陆和台湾地区的 30 余位代表和 20 余位列席嘉宾出席，并成立"全球华严学术联谊会"，此次会议以《华严经》为主题，分别讨论了华严类经典的原典及其品章的形成、译本、思想、修持、信仰、陀罗尼字门以及华严宗的弘传、思想、现代意义等。

2013年11月30日至12月2日在浙江丽水龙泉崇仁寺隆重举办浙江国际华严文化节之学术活动"华严国际学术研讨会"，来自中国社会科学院世界宗教研究所、武汉大学、陕西社会科学院宗教研究所、南开大学、苏州大学、浙江社科院、中国计量学院、四川社会科学院、上海佛学院、东南大学、南京大学、山东大学、台湾华严莲社、台北国际青年华严学者学会、日本驹泽大学、日本爱媛大学、韩国东国大学等研究华严的国内高校及研究机构教授、港澳台专家学者及海外专家研究人员出席研讨会。与会专家学者通过几天的探讨交流，普遍认为整理华严经典资料、完善华严修学体系、用现代化语言体系重新建构华严来引领和反思当下社会、培养专门弘扬华严之僧才等是重中之重。

2015年10月24日至25日，陕西师范大学宗教研究中心在雁塔校区举办"第二届中国华严国际学术研讨会"。本次研讨会以"华严佛身论"为主题，分别就中国佛身论、韩国佛身论、一般佛身论三大佛身思想进行研讨。

2015年11月22日，江苏常熟"百年华严 百城烟水——首届华严论坛暨纪念应慈和尚圆寂50周年"圆满闭幕，50余位学者围绕主题作了主旨演讲和大会发言，与会嘉宾就各自关心的议题发表意见，交流研讨。会议对百年来华严的学术研究路程做了初步整理，对有关华严学的人物历史与生平做了充分研究。

2. 教界的活动

除了学界的活动外，教界近年也有不少弘法的活动。西安终南山至相寺曾在2011年5月17号举办为期三个月的华严法会。2012年5月5日，农历四月十五，浙江灵隐寺举行"夏安居暨共修华严法会"，方丈光泉法师主法。2013年6月22日，湖北省武汉灵泉寺举办"2013·华严文化节共修活动之百万大抄经"活动，来自全国各地的信众近千人参加了此次活动。

2013年11月19日，以日本国际刻字协会会长、延命寺住持薄田泰元

祖庭的创立、沿革与现状

为团长的"长安华严寺重建第一回写经奉纳友好访问团"一行 6 人到华严宗祖庭长安华严寺参访交流。

薄田泰元一行对华严寺近年来的重建工作表示赞叹，华严寺住持宽昌法师代表寺院对日本佛教界对华严寺的关心表示感谢，长安区民族宗教文物局王绍辉副局长向参访团介绍了区政府对华严寺护坡加固方面的帮助，著名佛教学者荆三隆教授向参访团一行阐释了华严宗的历史贡献。

2014 年中日佛教文化交流活动

其间，华严寺住持宽昌法师，陕西省书法家协会副主席、华严书院执行院长麻天阔先生等人和日本到访团举行了中日佛教书法交流活动。长安华严寺是华严宗祖庭，华严宗和日本有着很深的渊源，在华严寺重建之际，日本佛教界组团到寺参访，不仅加深了中日两国的佛教文化交流，同时也推动了华严寺的国际影响和时代价值。

2014 年 11 月 19 日，华严宗祖庭陕西长安华严寺再次举行"文化华严"之"中日佛教文化交流活动"。华严寺住持宽昌法师、住寺僧众、护法善信，以国际刻字联盟会长、日本刻字协会会长、延命寺住持薄田泰元为团长的"长安华严寺重建第二回写经奉纳友好访问团"全体成员参加了活动。

除此之外，宽昌法师还召开了华严寺重建奠基法会、华严寺华严三圣殿落成即佛像开光法会、汶川大地震祈福法会、唐山大地震祈福法会等大型法会，并举办了"华严宗与和谐社会"高峰论坛、"华严宗与丝绸之路"佛教高峰论坛、"华严宗与长安佛教"高峰论坛、"华严思想的时代价值"高峰论坛等。

后 记

　　本人于 2003 至 2006 年在四川大学读硕士时，黄德昌导师给我们开讲过《华严金狮子章》，这是本人第一次接触华严学。当时宿舍室友是乐山人，借着出席他婚礼的机缘，我第一次爬上了峨眉山，并在山上住宿一晚，这是我与普贤菩萨的第一次结缘。后来到了西北大学读博士，在选题时，李利安导师希望我结合自己的爱好，选择一位大菩萨，作为研究题目。想到当时自己只去过普贤菩萨的道场峨眉山，就选择了《古代域外普贤信仰研究》这个题目，当时还不知道会因此与华严学再次结缘。

　　在写开题报告的过程中才发现普贤菩萨是《华严经》中最推崇的大菩萨，要研究普贤菩萨不能不了解《华严经》，于是开始系统学习华严学。《华严经》前后八十卷，难度超过了我的想象。然而，博士论文完成后，我对《华严经》就比较熟悉了。这也是我有勇气承担此次写作任务的原因。

　　目前学界对于华严宗在北朝的酝酿、唐代的传承研究得比较多，而对宋以后华严学的传承研究得较少。因此在写作本书时，本人借鉴最新的研究成果，分宋辽金元、明清民国两节内容，简明扼要地介绍了华严学的传承脉络。

　　导师李利安教授在本人的写作中不断给予指导和鼓励，让我备感振奋；西安电子科技大学出版社的高樱女士专门请本套书的作者们到西安协调进度与思想，对本书的写作给予了很多帮助；诸多同门一起工作，相互帮助，在此对他们一并表示感谢。

　　本书也是本人承担的洛阳市社科联委托项目"洛阳属县佛教寺庙研究"的前期研究成果，在此对洛阳市社科联的支持表示感谢。

后记

由于本人才疏学浅，华严学素称难治，所以在写作中一定会出现错漏的地方，敬请大家给予指点(邮箱：luoyangwanghongtao@sina.com)。

河南科技大学人文学院教师 王宏涛

2016 年 8 月 30 日